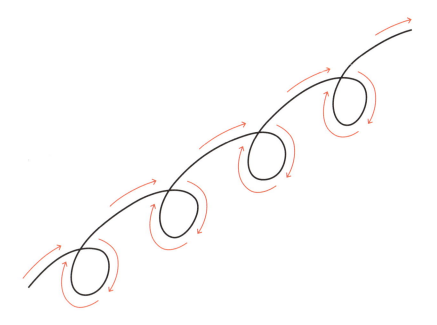

PRINCIPLES

YOUR GUIDED JOURNAL

图书在版编目（CIP）数据

原则：实践版 /（美）瑞·达利欧著；刘波译 . --
北京：中信出版社，2023.3（2025.5 重印）
书名原文：Principles: Your Guided Journal
ISBN 978-7-5217-5216-8

Ⅰ.①原… Ⅱ.①瑞… ②刘… Ⅲ.①管理学－通俗
读物Ⅳ.① C93-49

中国国家版本馆 CIP 数据核字（2023）第 022121 号

原则（实践版）
著者： ［美］瑞·达利欧
译者： 刘波
校译： 王臣
出版发行：中信出版集团股份有限公司
　　　　　（北京市朝阳区东三环北路 27 号嘉铭中心　邮编　100020）
承印者： 北京盛通印刷股份有限公司

开本：880mm×1230mm 1/32　　印张：8　　　　字数：221 千字
版次：2023 年 3 月第 1 版　　印次：2025 年 5 月第 6 次印刷
京权图字：01-2018-1064　　　　书号：ISBN 978-7-5217-5216-8
定价：79.00 元

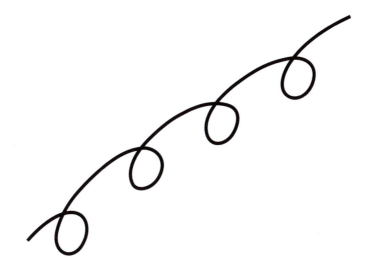

原 则
（实践版）

PRINCIPLES
YOUR GUIDED JOURNAL

RAY DALIO
[美] 瑞·达利欧 著

刘波＿译　　　王臣＿校译

中信出版集团 | 北京

为什么我希望你

拥有自己的原则

现在，我的这一愿望空前强烈：我希望帮助你制定适合你自己的原则，把这些原则写下来，以便你轻松参考，并与其他人分享这些原则。之所以有这样的愿望，是因为我已经看到，这种原则性的思考方式，对包括我在内的数百万人的生活产生了巨大影响。

走到这一步，在一场漫长旅途中是符合逻辑的。大约40年前，我偶然发现了一个流程，那就是思考所遇到的现实情况，并写下妥善处理这些现实问题的原则。我把这一做法用在以下方面：最初是投资，接着是构建我的公司——桥水的文化，然后是我生活的方方面面。这让我和其他人很清楚地认识到：我们追求什么，现实是如何运行的，我们应该使用什么原则在不同情况下做出正确的决定。这让我们变得更成功。这些原则大都很清晰，方便我们编成计算机代码，然后让计算机像人类大脑一样接收信息，并与我们一起做出决定。我们的事业获得了巨大推动，因为借此做法，我们能以更冷静的方式，迅速做出更多、更复杂的决定。

这种原则性思考的流程，改变了我对现实的看法，进而改变了我处理现实问题的方式，使之变得更有效。我看到：因一系列因果关系的驱动，几乎所有事物都以不同的形式反复发生；随着时间的推移，这些因果关系不断重现和演化。我看到，这些因果关系在推动着一切的发展，因此实际情况一直如此。我了解到，在宇宙大爆炸时，宇宙的所有法则和力量都被创造出来，并被不断向前推进，随着时间的推移，这些法则和力量相互作用，就像一系列协同运作的复杂机器一样：星系的结构、地球地理和生态系统的构成，我们的经济和市场、债务危机、世界秩序的变化以及每一个人。每一个人都是"机器"，并由各种"机器"组成，如循环系统、神经系统等，这些机器创造了我们的思想、梦想、情感，以及我们个性的其他方面。我开始看到，过去发生的一切和现在发生的一切，都像机器一样运行，一起进化，带来我们每天遇到的现实。通过认识这些模式和制定出应对这些模式的原则，我发现我可以更好地应对自己遇到的一切，甚至影响外部环境。桥水和我取得的所有成功，都要归功于这种原则性的做法。

5年前，我进入了人生的这样一个阶段：把我学到的东西传授给别人，变成了最重要的事。因此我在《原则》一书中分享了这种原则性的做法，也分享了我收集的生活和工作原则。这本书的影响令我震惊。它已经被翻译成32种语言，在全球售出400多万册。根据这本书制作的动画片《成功的原则》，已有3 000多万次的观看量。我又写了两本关于不同类型的原则的书：《债务危机》和《原则：应对变化中的世界秩序》。我又制作了两段动画视频（《经济机器是怎样运行的》和《应对变化中的世界秩序》），这两段视频也非常成功，点击量超过了1亿。

在这5年里，我与其他人进行了成千上万次良好的互动，他们告诉我，这种做法给他们的生活带来了巨大的转变。许多人请我提供建议，帮助他们制定自己的原则，这促使我开始写作这本日志。

我写这本日志是为了让你开始一段旅程，去思考你所处的现实，制定出有效应对这些现实问题的原则。我希望这本日志成为个人"避难所"，你可以在这个避难所里思考眼前的形势，以及如何妥善应对形势，而你写下来的思考将成为你最宝贵的财产之一。我相信，如果你这么做了，你的生活将从根本上得到改善。

所以，让我们开始吧。

Ray

关于原则的基本知识

什么是原则

原则是应对现实、实现你人生愿望的方法。原则可以反复应用于类似的情况，帮助你实现目标。每天，我们每个人都面临大量必须处理的事务。假如没有原则，我们将被迫逐一考虑多种类型的事情，主动去应对，就像第一次经历这些事。相反，假如我们把每件事都看作"同一类型事物的又一个表现"，以妥帖的原则来应对这些类型的事物，就能更快地做出更好的决定，从而拥有更好的生活。

假如每当你遇到什么事，就写下这件事所属的类型（例如婴儿出生、失业和个人分歧），以及应对这件事的方法，并将其整理好，最终你会发现，总共可能只有几百条，其中只有少数几条仅对你有效。你可以试一下。如果你这样做了，不仅将发现我说的是对的，而且将形成一个清单，即你需要思考和制定原则的事项。

你为什么需要原则

拥有一套好的原则就像拥有一套好的成功策略。所有履历光鲜的成功人士都拥有自己的决策规则，借此功成名就。你整理的原则在本质上将是你自己创造的信条，你每天都在践行这套规则。

你为什么需要拥有自己的原则

你有自己的价值观和目标，所以你需要适合自己的原则。你可以借鉴适合你的别人的原则。你需要深信这些原则，并将其内化，这样一来，践行这些原则将成为你的第二天性。你和你的原则应当高度一致，使你所宣扬的原则内容和你的实际行为相一致。你的原则不应虚有其表，即听起来很好、政治正确，但并非你真心相信的东西。

你为什么应当把原则写下来

如果你把原则写下来：

1. 你将更深入地思考这些原则。

如果你停下来思考应对你所遇到的情况的原则，将其写下来，然后在处理类似情况时，你就会反思这些原则，更深入地思考它们，从而完善它们。

2. 你将以更有原则的方式思考。

我所说的有原则的思考，是指从一个更高的层面观察现实，注意到大多数事情是反复发生的，其背后的原因基本相同，并思考应对这些事情的原则。你将发现，通过这样一个思考和写下原则的过程，你将改变你的视角，自然地"上升"到越来越高的层次，这将引导你用这种更自上而下、更有原则的方式来看待事物。你将发现，你凌驾于纷至沓来的事物之上，把大多数事物视为"同一类型事物的又一个表现"，拥有妥善应对的原则。你也将更客观地审视自己，更清楚地认识自己的处境，更好地理解因果关系。你将看到你以前从未看到的重要模式，从而改变你的行为，取得更好的成果。例如，我反复观察我如何应对自己遇到的现实难题，有时我做得好，有时我做得不好，通过这样的观察，我懂得了：**痛苦 + 反思 = 进步**。随着我反复看到这一点的正确性，它变得无比清楚和明显，以至我将其内化，并对令人痛苦的情况形成了一种习惯性反应，这自然地让我思考这些情况，更深入地了解我遇到的现实是如何运作的，我应当如何更妥善地应对这些问题。你达到的境界越高，越能更有效地处理现实问题，创造一定的结果，以实现你的目标。曾经看起来复杂得不可思议的东西，将变得很简单。你将更好地理解和应对现实。这些东西将带给你更快乐和更成功的生活。

3. 你的沟通技巧将得到提升，因而你与他人将能更好地理解对方。

把原则写下来有助于人们相互学习，更好地理解对方，更有效地一起工作。因此，我希望每个人都写下自己的原则。我想知道爱因斯坦、乔布斯、丘吉尔、列奥纳多·达·芬奇、马丁·路德·金等人所持的原则是什么，这样我就能清楚地了解他们追求的目标、实现目标的方法，并能比较他们的不同做法。我想知道对下面这些人来说，哪些原则是最重要的：希望我投票给他们的政治家，以及他的决定会影响我的所有人。此时此刻，明确阐述我们的原则极为重要。我想知道，作为家庭、社区、国家的一分子，作为国际友人，我们是否有共同的原则，将我们联结在一起，还是说我们所持的原则是对立的，导致我们分裂？这些原则的内容是什么？我将具体阐述。为孙辈写下了我自己的原则，我感到很高兴，这样一来，在我去世后，当他们的年龄足够大，理解能力足够强时，就能理解我的这些建议。我希望最终能创建一个数字工具，以便人们提交处理不同情况的原则，人们可以审视这些原则，投赞成票和反对票，这样公认最好的原则就会上升到顶部，人们可以很轻松地获得最好的原则，来应对他们面临的各种情况。但首先，我想帮助你发现适合你的好原则，**并将其写下来**。

虽然这听起来可能很繁重，要制定出好的原则，你似乎需要做很多事，但其实并非如此。你只需开始写日志，看看能带来什么。接下来，我将提供一些建议，但你不一定非要照做。

原则

自己思考来决定：（1）你想要什么；（2）实际情况是什么；（3）考虑到（2），你应当怎么做以实现（1）

……保持谦逊和开放的心态，以便你思考什么对你来说是最好的。

这本指导日志的原理

虽然我希望你自主理解这本日志，但在撰写这本日志时，我心中有三个目标，以及实现这些目标的途径。

三个目标是：

1. 帮助你把经验转变为思考：现实是如何运转的，你用什么原则来妥善应对现实问题，从而梦想成真。

2. 让你写下自己的原则，那么在遇到类似情况时，你可以参考这些原则，和其他人交流这些原则，还可以根据变化修改原则。

3. 帮助你学习和实践原则性思考。

实现这三个目标的途径是：

1. 跳过所有内容，从第 98 页开始写日志。

对很多人来说，如果有留白，他们就能深入思考，因此这本日志的部分区域是留白，这是为你设计的，你可以随心所欲地使用，有时留白旁会有一些提示和原则。

2. 从这本日志开头的可选练习开始。

这些可选练习有助于你制定自己的原则。多年来，我一直用此类练习来帮助其他人培养原则性思维。即使你不从这些练习开始，也可以随时回顾这些练习。

练习

这本日志开头有 4 个练习，结尾有 1 个。我想你会喜欢做这些练习，它们很有帮助。这些练习将帮助你审视自身和你所处的现实，并以一种不同的、更有原则的、更实际的方式来应对自身的问题和现实的问题。你会发现，绝大多数事情的发生，都是由于一定的原因，现实就像一台永动机一样运转。了解自身情况，了解自身是这台机器的一部分，将帮助你创造更好的结果。（1）通过了解现实是如何运转的，（2）了解你自身以及你可能会做什么，（3）制定一定的原则以帮助你实现想要的结果，你将更好地驾驭现实，并创造更好的结果。

练习 1：反思你的情况

你的遗传素质和所受到的环境影响，赋予你一定的本性和偏好，这意味着特定的人生目标和道路会比其他目标和道路更适合你。如果你了解自己的本性，将其与合适的道路相匹配，将对你最有利。在这样做的过程中，你会发现，对你最好的原则和对其他人最好的原则是不同的，尽管有一些原则对所有人都是最好的。"认识你自己"和"忠于自我"是永恒和普遍的原则，所以这个练习旨在帮助你迈出第一步，把这些原则应用到自己的生活中。

练习 2：如何从手头的情况中总结出应对这些问题的最佳原则

这个练习将帮助你沿以下路径前进：（1）"手头的情况"（即你遇到的情况）；（2）"同一类型的表现"（即情况所属的类别或类型）；（3）你用来应对这种情况的原则。这个练习提供了一个书面模板，指导你如何做到这一点。如果你经常遵循这个模板，将会凭直觉这么做，并开始以更有原则的方式思考。同时，当看到供你写下自己原则的空白页面时，你会发现很多原则和图表，它们都来自《原则》。当我在社交媒体上与人们互动时，很多人告诉我这些原则和图表很有帮助。这些原则和图表只是供你思考的提示。最重要的是，你要思考你的经历，写下适合你的原则。

练习 3：掌握五步流程，实现人生愿望

我发现了一个五步流程，它对取得成功很有帮助。我想把它传授给你。这个过程是：（1）选择明确的目标；（2）发现问题，同时不容忍问题；（3）诊断问题，找到根本原因；（4）制订方案来减少或消除问题；（5）践行方案。你应当反复执行五步流程，随着越来越熟练，你会做得越来越快，这样你就能迅速进步和提高。这个练习的目的是让你能在自己的生活中运用这个流程。为此，我将带你逐一完成这五个步骤，在每一步，你都可以从自己的生活或工作中找出相应的例子。在之后的部分，你将发现许多五步流程提示，帮助你实现未来的目标。

练习 4：学习如何克服你最大的两个障碍，从错误中获得最大的收获

遗憾的是，人们经常把犯错视为难堪的事，而不是学习的机会。在我的生活和职业生涯中，我发现，我最严重的错误通常是我最好的学习经验，这些错误往往是因我的盲目而犯下的。换言之，这些错误是由我们面临的两个障碍导致的。这两个障碍是：自我意识和盲点。这两个障碍是由我们的大脑构造导致的，可能会对实现我们的目标构成巨大障碍。好消息是，我们可以通过我所说的"头脑极度开放"来克服这两个障碍。这个练习将帮助你思考你的自我意识和盲点，学习如何做到头脑极度开放，并进行自我调整，不把犯错看作尴尬的事，而将其看作最好的学习机会。在这个练习的末尾，我会分享一个模板，这个模板的基础是我在桥水创建的"问题日志"，旨在鼓励人们把错误摆到台面上，以便学习和改进。

练习 5：了解你和你关心的人在各自人生旅途中所处的位置

如前所述，我发现几乎所有事物都是基于大体相同的原因反复发生的。要想很好地了解任何东西，都需要了解一个典型的案例是如何发展的，并去观察导致这种发展方式的因果关系。你考察的案例越多，就越能理解典型的案例是如何发展的，为什么不同案例之间存在差异，就像一位医生如果多次经手某种疾病，就会了解这种疾病的发病机制。就像对任何事物一样，对人的生命周期来说，这一点也是成立的。虽然没有完全相同的人生，但大多数人都遵循着类似的顺序生活，其中有一系列重大事件和决策点。这本日志的最后一部分"人生轨迹练习"将促使你思考，你处在人生周期中的什么位置，你关心的人处在他们人生周期中的什么位置，你们在前路将遇到什么情况，这样你就能更好地走向未来。这是大多数人最喜欢的练习，所以尽管它出现在末尾，也请你不要忽视它。

练习 1

反思你的情况

第一部分

你的本性如何

我们都有不同的秉性，这些秉性赋予我们不同的优势、价值观和偏好。每个人都是由这些不同的秉性构成的，并可以由其来描述。通过了解你的秉性，你会更好地知道，你需要怎么做才能得偿所愿。

换言之，你成功的关键是将以下两者相匹配：**你的情况是什么，你走的道路是什么**。一定存在一条正确的道路，而且事实上会有好几条这样的路。你只需要了解自己，发现自己的道路。如果你和别人合作，可以帮助他们发现他们的路。

在创建和经营公司时，我观察到人与人的区别很大，因此我与许多心理学家、精神病学家、神经学家和人格专家交流，并翻阅了许多关于不同思维方式的书。我发现，在常识、创造力、记忆力、综合能力、对细节的关注等方面，我们生来就各有优劣，长处和短处在我们的经历中不断发展。尽管客观地审视这些差异会让许多人甚至科学家感到不舒服，但这么做很有必要。所以我在几十年里不断进行这样的对话和探索，学到了很多对我有帮助的知识，我相信这些知识对你也有裨益。

（在《原则》的"理解人与人大不相同"一章中，详细描述了我所学到的东西。）

通过这番探索，我最终发现，性格评估很有用，可以揭示人们如何以不同的方式思考，帮助人们更深入地了解自身和他人。这改善了人与人之间的工作关系，提升了职业默契度，让人们变得更快乐、更有效率。我使用了很多评估手段，发现没有人能面面俱到；在经营桥水的过程中，我学会了要寻找人们身上的某些特质，但我发现没有人能识别出这些特质。我还想与最广泛的人群免费分享我们的见解。于是，在杰出的心理学家亚当·格兰特博士、布莱恩·利特尔博士和约翰·戈尔登博士的帮助下，我创建了"人格评估测试"评估机制（可以登录 https://principlesyou.com/ 进行测试），其基础是受到广泛研究和推崇的

"大五"人格框架。目前"人格评估测试"已得到全球 100 多万人的使用，人们广泛认为它很有效。完成该评估需要 20~30 分钟，对以下任务来说，这是很好的第一步：了解你的本性、与你互动的其他人的本性，还有你的人际关系（通过使用人际关系功能），以及如何处理这两个方面的问题。如果你身负管理职责，可以运用"团队评估测试"（可以登录 https://principlesus.com/ 进行测试），它将帮助你了解团队动态。

收到评估结果后，将其打印出来，贴在下一页上。

扫一扫，
了解人格评估测试

评估结果将帮助你了解自身。如果你把结果分享给其他人，或者使用其中的人际关系功能的话，这些结果也将帮助其他人了解你。如果你发现另一种人格评估也很有效，可以打印出来，也可以在下一页上注明评估结果。如果你愿意，可以跳过这部分练习，以后面的思考问题为指导。当然，人格评估只能粗略地反映你的可能的偏好——你可以自我判断评估结果是否符合实际，更重要的是，如何基于这样的结果来行动。

无论你有没有进行评估，清楚地认识到自己的长处和短处，都是至关重要的。请思考以下问题。

根据你的自我评价和别人对你的评价，你的三个主要优点是什么？

根据你的自我评价和别人对你的评价，你的三个最大弱点是什么？

我们都经常会遇到一些挑战，这些挑战使我们痛苦，阻碍我们实现自己的潜能。对大多数人来说，三五个挑战就能带来巨大改变，也就是说，如果他们能克服这些挑战，将大大改善他们的生活。而对大多数人来说，克服自身最大的挑战，将从根本上改善生活。所以，请好好考虑一下你自己的情况。

你面临的最大挑战是什么？

这些原则将帮助你思考你的自我认识，以及如何处理这一认识。

原则

最成功的人能够超越自我，客观地看待事物，理解如何与事物互动，实现自己的愿望。

他们还会接受别人的观点，而不是带着自己的偏见，囿于自己的思维。他们能够客观地看待自己，包括长处和短处，以及别人，从而让对的人扮演对的角色，以实现自己的目标。一旦明白了如何做到这一点，你就会发现，几乎没有什么是你做不到的，因为你将意识到，你拥有强大的洞察力和行动力，这比你自身掌握的技能要强大得多。你只需要学会如何面对现实，充分利用你掌握的资源。你要发现自己不擅长什么，不要因此而沮丧。你要为发现这一点而高兴，因为知晓并应对这些问题，将增加你实现愿望的机会。假如你因自己不能成为最好的人、不能事必躬亲而沮丧，那么你一定是太天真了。你一定还没有认识到，没有人能把每件事都做好。

扫一扫，
观看实际案例

原则

想想最伟大的人是如何失败的。

大部分人在大部分事情上都会失
败，没有人擅长所有事情。你会让
爱因斯坦加入你的篮球队吗？当他
运球和投篮都很差劲时，你会看不
起他吗？他应该感到羞愧吗？想想
看，在多少领域里爱因斯坦是无能
的；想想看，即使在他冠绝全球的
领域里，他付出了多么大的努力才
超越其他人。为了取得杰出成绩，
他需要依赖很多人，这些人擅长他
所不擅长的东西。

自我奋斗，看其他人奋斗，会激发
各种各样的由自我意识驱动的情
绪，例如同情、怜悯、尴尬、愤怒
或防御。要克服这一切，不要消极
地对抗奋斗。人生中大多数最好的
机会都来自奋斗；你需要充分利用
这些挑战，把这些挑战看作对你的
创造性和性格的考验。

原则

**如果你头脑开放，有足够的决心，
你几乎可以得到你想要的任何东西。**

你的生活质量主要取决于你做出的
决定的质量。不要局限于自己所
能想到的最好的想法。敞开你的
心扉，从一切地方寻找最好的想
法，这样你就能以最好的方式做出
决定。

第二部分

你的价值观是什么

现在我想让你想想，你最珍视的东西是什么，这样你就能明确你的目标，并找到最适合你的原则。

你的价值观是你根深蒂固的信念，这些信念激励你的行为，决定你能否与他人融洽相处。通过与心理学家交谈和我自己的经历，我认识到，人的愿望来自他们的本性以及他们试图满足的内心深处的潜意识需求，这些需求是由他们的本性和已经不记得的经历结合而成的。

 扫一扫，
尝试此项练习

虽然我不是这方面的专家，不能帮你理解你自己的动机来自哪里，但我知道，我可以帮你确定你的价值观和原则，这对实现你的人生愿望至关重要。为了实现这个目标，第一步是问自己以下问题。

对你来说最重要的价值观是什么？最多选三个。

如果你有一些最重要的价值观未被列出，请将其写在下面的空白处。

- ○ 被爱
- ○ 品行端正
- ○ 创新
- ○ 助人为乐
- ○ 学习 / 进化
- ○ 影响世界
- ○ 实现职业目标
- ○ 安稳度日，优哉游哉
- ○ 家财万贯
- ○ 了解世界
- ○ 拥有充满乐趣和冒险的生活
- ○ 有知己好友
- ○ 家庭和美
- ○
- ○
- ○
- ○
- ○
- ○
- ○

这些是你的**主导价值观**，推动你前进，并决定实现哪些目标会让你感到满足。这些价值观与你形影不离，并会对你与生俱来的追求产生强烈的影响。

现在想想，对你来说<u>重要程度最低的价值观</u>是什么？

（不是说不重要，只是重要程度最低。）

○　被爱

○　品行端正

○　创新

○　助人为乐

○　学习 / 进化

○　影响世界

○　实现职业目标

○　安稳度日，优哉游哉

○　家财万贯

○　了解世界

○　拥有充满乐趣和冒险的生活

○　有知己好友

○　家庭和美

○

○

○

○

○

○

○

○

你的回答代表你<u>**次重视的价值观**</u>。虽然这些价值观可能对你依然有意义，但其重要性不高，了解这一点能帮助你设定做事的优先级。

如果你已经完成了人格评估测试，请将这些价值观与你从测试中获得的三个原型进行比较。

把上述价值观和原型写下来，观察并评估它们是否很好地描述了你的天生倾向。

如果你没有做过人格评估测试，也请花一些时间思考，这些价值观是如何结合在一起，影响你的动机的。

现在，知道了你的主导价值观之后，想想你生命中最大的动力（即驱动你的因素）。

当人们思考自己的愿望的时候，也许没有意识到背后的驱动因素。他们常常想得太狭隘，比如"我想成为 X、Y 或 Z"。你可以想一想，你的本性是如何驱动你追求某些东西的。比如，那些想成为海豹突击队队员的人，其动力可能是保卫国家的责任感、追求卓越的激情和 / 或对冒险的追求。先有这些动力，然后这些人才找到了让自己快乐的道路。他们把自己的天性与这样的道路相匹配，在此过程中获得了快乐和成功。

想想你对什么类型的事物感兴趣，把它们写下来。

你的原则将为你提供切实可行的方法，使你的本性与你和现实互动的方式保持一致，实现你的人生愿望。最重要的是，你的价值观应与你的行动相一致。例如，如果你看重学习 / 进化，就应该遵守"积极反思自己所犯的错误"的原则，因为这将引导你的行为，使之更接近学习 / 进化的方向。

价值观	行为
学习和进化	明智地冒风险，反思错误

如果你一开始没有深思熟虑的原则，也没关系。大多数人一开始都没有。但我们都有价值观和原则，它们反映在我们的言行中。如果不明确这些因素，就很难评估你的决定，也很难对你看待事物的方式进行压力测试。让我们来探索一下，看你在多大程度上明确地知道你的原则。

你是否已经有了人生原则，无论是明示的还是默认的？

列出 3~5 条你拥有的原则。

以下哪项对你学习自己的原则影响最大？

- ○ 个人经历
- ○ 文化和种族
- ○ 朋友
- ○ 宗教
- ○ 家庭
- ○ 媒体（电影、电视、广播、书籍、网络）
- ○ 教育
- ○ 偶像
- ○
- ○
- ○
- ○
- ○

在你思考这些问题之前，先想想，你列出的这些原则是你清楚地知道的，还是在思考后浮现出来的？

第一个练习的目的是让你思考你的主导价值观和次重视的价值观，以及引导你的行为和决策的原则。当你阅读这本书时，你可以回顾这些内容，从而加以思考，也可以对其进行完善或扩展。

现在我们将探索，你如何与你面临的现实互动。将你的情况和你面对的现实相结合，能帮助你获得合适的原则，尽最大可能地实现人生愿望。

练习 2

如何从手头的情况中
总结出应对这些问题的最佳原则

所有事情的发生都是由于一定的因果关系，这些因果关系随着时间的推移重现和演化，因此，通过原则性思考，你将认识到，几乎所有"手头的情况"都只是"同一类型事物的又一个表现"，通过识别是"哪一种表现"，然后运用经过深思熟虑的原则来处理这些问题，你将实现更多的人生愿望。这就是我所说的原则性思考。原则性思考不同于常规思考，因为当你需要做决定时，你不是简单地做决定，而是思考这是一种什么类型的决定，做这个决定时最需要考虑的原则是什么。

你将发现，把上述过程做好，从而更好地思考在不同的情况下你应该怎么做，你需要做的决定的数量将大大减少（我估计将变成原来的十万分之一）。这是因为，你将用规则来处理各种类型的事物，而不是把每件事都当作独特情况来处理。就像一位生物学家在丛林中徒步，遇到某只动物时，他会思考其所属的物种，以及适用于这个物种的原则。在你遇到现实问题时，你也会这么做。习惯了之后，你会本能而迅速地这么做。

做好这一点的关键是：

1. 放慢你的思考速度，以便确认你用来做决定的标准。

2. 把你所使用的标准写下来，以决定如何处理这种情况——你将为自己创设一条新的原则。

3. 下次这种"同一类型事物的又一个表现"出现时，可以应用这条原则，看其效果如何。想想这些原则是如何发挥作用的，并在"同一类型事物的又一个表现"出现之前，完善这些原则。

我创建了一个简单的模板，帮助你从手头的情况中总结出应对此类情况的原则。这个模板包含一个我自己生活中的真实例子。

手头的情况

发生了什么事？客观、详细地描述这一事件。

我手头的情况：1982 年，我因投资失误而破产。我不得不遣散所有员工，并向我爸爸借了 4 000 美元度日。

这个情况"所属的类型"是什么？

在更高的层面上问自己，这件事的"属性"或所属的类型是什么。

我的这件事所属的类型：因过度自信而犯错，全盘押注在"自己是对的"上，损失惨重。

你运用的原则以及你如何权衡这些原则

对于这种情况，你有没有可用原则？这些原则是一致的还是相互冲突的？

当时，我没有应对这种情况的原则。

思考

这段经历告诉了你关于现实情况的什么道理？未来，当下一个"同一类型事物的又一个表现"出现时，你会采取什么不同的做法，以更好地处理问题？

我的想法是，风险和回报往往是并存的，我过度自信地押了重注，导致我从其他赌注中获得的收益全被抵消了。为了过上美好的生活，我必须穿越一片危险的丛林。我可以原地不动、安稳度日，也可以冒险穿越丛林，以图有所作为。（请花点时间思考一下：你会如何抉择？）我意识到，这是一种我们所有人都必须做出的抉择，无论以什么方式。我知道我必须追求精彩人生，所以问题是，我如何能在保住性命的情况下获利最大？这一思考帮助我总结出了一些新的原则。

新的原则

基于你的思考，你将拥有什么样的新的或更正过的原则，以期当你未来遇到"同一类型事物的又一个表现"时，获得更好的结果？

为了在不削减自身优势的前提下，降低犯大错的风险，我需要：（1）找到我认识的与我意见不同的最聪明的人，了解他们的最佳想法，从而对我的想法进行压力测试，认识我可能存在的盲点；（2）做好多元化。

回头来看，这次非常痛苦的"崩溃"是我遇到的最好的事情之一，因为从错误中学习和总结原则的方法就是源于这次经历。从中我学到了谦逊，我需要用谦逊来平衡我的大胆。这段经历还教给我一些原则，这些原则成了我后来成功的关键。我学到了人们都害怕犯错，这改变了我的思维方式，所以我从认为"我是对的"转而问自己"我怎么知道我是对的"，这促使我与其他独立思考者为伴，他们可以对我的想法进行压力测试，这有助于提高我押对的概率，降低我押错的概率，因为我把赌注分散在了一系列相对不错且互不相关的选项上。

我在我的一次 TED 演讲里谈到了这件事，你如果感兴趣，可以在 TED 网站上搜索"how to build a company where the best ideas win"。

我从此开始懂得：痛苦 + 反思 = 进步。这是我最重要的原则之一。

下一页设置好了这一模板。当你使用这一模板并思考你的情况时，注意不要只是感到遗憾，因为过往不可追，你要寻找的是对未来有效的教训。我鼓励你积极思考，类似的经历在过去是如何起作用的、这些经历提供了什么教训。我鼓励你向这样的人寻求建议：他们有过类似的经历，可能已经学会了如何妥善处理这些问题。很有可能这种情况不是头一次发生，你也不是第一个遇到这种情况的人，有些人已经找到了更好的办法来处理这个问题。

手头的情况

这个情况"所属的类型"是什么？

你运用的原则以及你对这些原则的权衡

思考

新的原则

我最基本的原则

列出对你来说最重要的原则，以便你能集中参考这些原则。

其他人提供的好原则

记录下你从别人那里学到的、你希望用于自身生活的原则。

掌握五步流程，

实现人生愿望

获得和运用良好的原则具有无限的价值。进化是一个过程。我相信，如果你能做好以下五件事，你几乎肯定可以成功。

1. 选择明确的**目标**。

2. 发现**问题**，同时不容忍问题。

3. **诊断**问题，找到根本原因。

4. **制订**方案来减少或消除问题。

5. **践行**方案。

如下图所示，这五个步骤构成了一个进化循环。让我们更细致地看一下这个过程。首先你要选择你追求什么，即你的目标。你对目标的选择将决定你的方向。当你朝目标前进时，你会遇到问题。其中一些问题会迫使你面对自己的弱点，这会让你感到痛苦。你对这样的痛苦做出什么样的反应，由你自己决定。如果你想实现你的目标，你必须冷静，理性分析，以准确诊断你的问题，制订计划来解决问题，并采取必要的行动实行计划，实现结果。接着你要考察你取得的新成果，再走一遍这个流程。为了快速进化，你必须快速、持续地这么做，不断调高你的目标。

五步进化循环

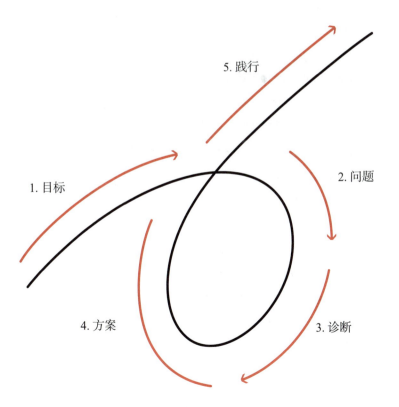

要想成功，你需要把这五个步骤都做好。你必须按顺序来，一次只做一步。

例如，在设定目标时，只设定目标。不要想你如何实现目标，或者假如出岔子了，你会怎么做。当你诊断问题时，你不要想如何解决问题——只诊断就行。把步骤搞混会导致次优的结果，因为这会导致你难以发现真正的问题。这个流程是更迭的：彻底做好每一步，将为你提供所需的信息，以便做好下一步。

你必须以清醒和理性的方式来处理这个流程，从更高的层面审视自己，做到绝对的诚实。假如陷入情绪，你就退一步，花点时间冷静下来，直到你能清晰地思考。记住，你不必一个人完成这件事，所以，向冷静、有头脑的人寻求指导吧。为了帮助你保持专注和高效，可以设想你的生活是一场比武或游戏，其目标是克服挑战、实现目的。一旦你接受其规则，就会习惯与不断的挫折相伴的不快。

你不可能把每件事都处理得完美无缺：错误是不可避免的，认识并接受这个人生事实很重要。好消息是，每个错误都能教给你一些教训，因此学习是无止境的。你很快就会意识到，一些借口，比如"那不容易""这看起来不公平"甚至"我做不到"，是没有价值的，坚持推进计划才能带来回报。

那么，假如你不具备成功所需的所有技能，怎么办呢？别担心，因为每个人都是如此。你只需要知道，什么时候需要这些技能、你可以从哪里获得这些技能。通过练习，你最终将在面对逆境时保持冷静和势不可挡的专注，玩好这场游戏。你将震惊地发现，你拥有很强的实现愿望的能力。

现在练习把五步中的每一步应用到你的一个目标上。

 扫一扫，
尝试此项练习

第一步：选择明确的目标

你觉得自己有多擅长设定目标？

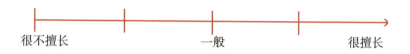

很不擅长　　　　　　　　　一般　　　　　　　　很擅长

你有多相信，你对自己设定目标能力的评估是准确的？

根本不相信　　　　　　　　一般　　　　　　　　很相信

为了拥有美好的人生，一个人通常会同时追求好几个目标，其中有较高层次的目标、较低层次的目标和日常目标。理想情况是，你的各项目标是一致的。在这个练习中，我会让你只选一个目标。为了做出好的选择，请你花一分钟时间来思考，你最在意哪些价值观，你的动力或动机是什么。目标的大小并不重要，但要确保这个目标与你的价值观一致，并尽可能具体。例如，就这个练习的目的而言，与"改变世界"相比，"成为一名老师"是一个更好的目标。

简要描述你选择的目标。

提示

- 为了实现你的目标，你必须设定优先顺序，这包括拒绝一些好选项。
- 重要的是，不要混淆"目标"和"欲望"。目标能让你得到你理智上想要的东西，如果这和你情感上想要的东西是一致的，那再好不过。欲望是你渴望的东西，但可能阻碍你实现目标。例如，目标是保持良好的体形，而吃美味的垃圾食物的欲望可能会阻碍你实现你的健身目标。
- 不要根据你自己认定的能力范围来确定目标。不要因为一些想象中的、你没有彻底分析过的障碍而限制自己。

第二步：发现问题，同时不容忍问题

在实现目标的过程中，你将遇到障碍，即问题。

现在，请找出一个经常遇到的阻碍你实现目标的问题。

把你的问题写在这里。

你会容忍你列出的问题吗？

一般来说，你觉得你有多擅长发现问题？

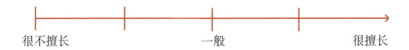

很不擅长　　　　　　　　　　一般　　　　　　　　很擅长

对于不容忍问题、做出改变以消除或减少问题，你有多擅长？

很不擅长　　　　　　　　　　一般　　　　　　　　很擅长

提示

● 首先确定问题（或次优结果）。试着以一种简单而实事求是的方式来确定问题，先不要去猜测问题的原因。

● 在发现问题时，保持专注和逻辑性是很重要的。要非常精确地描述你的问题。例如，与其说"大家不喜欢我"，不如具体描述哪些人不喜欢你，在什么情况下不喜欢你。

● 一定不要容忍你的问题，要提防"温水煮青蛙综合征"。人们普遍会缓慢地习惯原本不可接受的事物，但如果用新的眼光看待这些事物，他们会大吃一惊。

第三步：诊断问题，找到根本原因

思考之前的几步中你写下的目标和问题。现在，试着诊断问题，找出问题背后的根本原因。一般来说，问题的出现是由于某些人表现不佳，或某些事情运行不畅——这里的"某些人"包括你。

为了找到根本原因并进行合理的诊断，可以问自己以下问题：

不利结果是什么？
谁对这一结果负责（即责任方是谁）？
问题是责任方无能还是设计机制不通？

如果你谨记这三个重要问题，就能做得很好。重要的是，要在高层次上锁定这三个问题，而不要纠结于不必要的细节。如果你不能迅速弄明白结果好坏，具体谁应该为此负责，可能很难走到下一步。

下面这份指南会指导你获得这些大问题的答案。这份指南主要使用一系列简单的问题。虽然这些问题主要是为了在工作或组织环境中使用而拟订的（与其他环境相比，在工作环境中，角色、责任和共同接受的做事方式通常更具常态性），但也可以用来提示你思考如何诊断非工作环境中的问题。当涉及与你的个人目标相关的问题时，诊断通常会归结为第三个问题：出现不利结果的原因，是你自身的某些因素（例如尝试某种你不能胜任的事），还是你自己想出的某种不利方案/设计机制？

在浏览这些提示时，记住，你不需要严格遵循这些提示或格式。你可以快速浏览这些问题，再根据自身具体情况，问不同的、更详细的问题。

机器是在正常运转吗？

如果是，问题通常来自一些意料之外的因素，责任方也许未能预见它们。

同时，有时事情会以意想不到的方式发生变化，你需要相应地调整你的设计机制。

如果不是，是哪里出故障了？

这就是"近因"，如果你脑中有这台机器应当如何运转的清晰的意境地图，这一步应该很容易实现。你也可以通过回答"是或否"的问题来做到这一点，因为这只需要回顾你脑中那幅意境地图的关键部分。

为什么事情不像规划的那样进展？

要回答这个问题，你需要综合分析根本原因，以确定责任方是否称职，或者问题是不是出在设计机制方面。为了回归综合分析而不是迷失在细节中，你可以：

- 试着将故障与五步流程联系起来，思考是哪一步没有做好。最终一切都要与那五步相契合。

- 但你也许需要考虑得更具体，所以要试着把故障明确化，将其与具体的一个或一组关键属性联系起来。问"是或否"的问题：是负责人管理得不好吗？没有妥善地察知问题吗？没有妥善地执行吗？

- 重要的是，问自己这个问题：如果下一次某属性运行得很好，不利结果还会发生吗？这是一种很好的方法，可以确保你以符合逻辑的方式把结果与问题联系起来。你可以这样想：如果机械师更换了你车里的那个零件，问题会因此而得到解决吗？

- 如果根本原因是设计机制错误，那么，不要止步于此。问问谁应对错误的设计负责，他们是否有能力设计好。

根本原因是一种反复出现的模式吗?

任何问题都可能是一次性的不完美,或者是一个根本原因的外在症状,这个症状会反复出现。你需要搞清楚是哪种情况。

最终人 / 机器应当如何进化?

确认问题的短期解决方案已经根据需要得到实施。确定为实现长期解决方案要采取哪些步骤,以及谁为这些步骤负责。

● 是否有需要分配、重新分配或澄清的责任?

● 是否有需要重新做的机器设计?

没有人能够完全客观地看待自己或他人，但只有愿意尝试，你才能诊断问题，找出问题的根本原因。最终，这是你实现目标的根本条件。

即使在难以做到的情况下，你愿意客观地评价自己和其他人吗？你有多愿意通过问尖锐的问题来发掘痛点，讨论令人不舒服的事情，即使这会引发不快？你有多愿意与其他人一起进行高难度的反馈？

客观地看待你自己和其他人也许是令人痛苦的，你可以把这种痛苦看作"成长的痛苦"，因为这种痛苦会带来个人的成长。

不痛苦，无收获。

提示

● 分清根本原因和近因是很重要的。近因通常是导致问题的作为或不作为，可以用动词来描述。根本原因是近因背后更深层次的原因，可以用形容词来表达——"我因为健忘而没有做某事"。

● 记住，根本原因不是一个行为，而是一个原因。找到它的一个技巧是，不断问"为什么"。

你是否擅长发现问题的根本原因？

很不擅长   一般   很擅长

你有多相信，你能准确评估自己发现问题根本原因的能力？

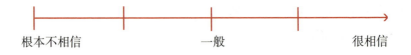

根本不相信   一般   很相信

既然你已经花了一些时间来思考问题的根本原因，现在可以制订解决问题的大致方案了。

第四步：制订方案来减少或消除问题

在这一步，你将制订方案，来解决你在上一步中发现的根本原因。

花一分钟时间来回顾一下你对这个练习前三步（确定目标、发现问题、诊断问题的根本原因）的回答。思考问题的解决方案，这个方案要考虑到问题的根本原因。

在这个早期阶段，你的方案应当是非常笼统的。你只需要确保这个方案能解决你已经确定的根本原因。

在这里简单地写下你的方案，你可以在下一步中添加更多细节。

现在，用具体的任务和估计的时间表来完善你的方案。

越具体越好。

你不必很擅长制订方案，或亲自明确待办事项清单上的任务。你可以请别人帮你。只要你留出时间来制订一个深思熟虑的方案，不直接从诊断跳到执行，就走对了路。

提示

● 先大略地拟订方案（例如"获得硕士学位"），然后添加具体任务，预估时间表，对方案进行完善（例如"在未来两周里，列出我最想就读的学校的清单，包括这些学校的申请要求和截止日期"）。

● 在设计方案时想象你正在写一个电影剧本。在剧本中，你要设想为实现目标，哪些人需要在哪些时间做哪些工作。在设计你的方案时，想想执行各种相互关联的任务的时间表。

● 你要认识到，设计方案是一个更迭的过程。在不好的现在和美好的将来之间，是一段努力奋斗的时期。在这段努力奋斗的时期里，你要尝试不同的过程，接触不同的人，看看什么事进展得好，什么事进展得不好，从这个更迭过程中学习，朝理想的方案前进。要达到美好的将来状态，你自然要犯一些错误，学一些东西。

你觉得你有多擅长设计方案?

很不擅长　　　　　　　　　一般　　　　　　　　　很擅长

你有多相信自己能准确地评估自己设计方案的能力?

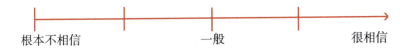

根本不相信　　　　　　　　一般　　　　　　　　　很相信

第五步：践行方案

　　一个没有被贯彻执行的方案是没有多大价值的。当然，执行你的方案要靠你自己。

　　我不是效率技巧或激励方面的专家——就个人而言，我的驱动力始终是追随我的激情所带来的快感。市面上有很多非常不错的书，我鼓励你在这里做笔记，写下完成工作的最佳方法。（如果你想寻求建议，我发现查尔斯·都希格的《习惯的力量》很不错，有助于理解习惯在实现人的目标中所起的作用。）

一般来说，你觉得你有多擅长落实你的方案？

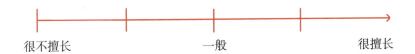

很不擅长　　　　　　　　　　　一般　　　　　　　　　很擅长

提示

- 有良好的工作习惯的人，通常都有合理排序的待办事项清单，他们会确保每一项都打上钩。工作习惯不好的人要么天性散漫，要么无法督促自己做不喜欢（或没有能力做）的事。如果你是这种情况，有很多工具可以帮助你坚持完成方案。
- 重要的是每天都要知道你需要做什么，并有执行的自律能力。

你觉得你在坚持实施方案方面做得有多好？

很不好　　　　　　　　　　一般　　　　　　　　　很好

你有多相信你能准确地评估自己坚持落实方案的能力？

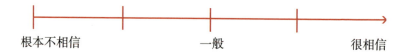

根本不相信　　　　　　　　一般　　　　　　　　很相信

让自己负起责任，执行自己制订的方案，需要决心和自律能力，但如果你在这方面有困难，可以制订一定的策略，把困难因素纳入考虑。比如说，如果你想减肥，但又没有毅力经常去健身房，可以找一个健身伙伴。

你会用什么策略来帮助你实施自己的方案？

既然你已经完成了这个练习的五个步骤，想必对以下方面有了更好的了解：五步流程中的每一步是什么样的，这些步骤是如何结合在一起的，以及你如何开始应用这些步骤帮助你实现目标。在下一页上，你将看到一个应用五步流程的模板，我鼓励你使用这个模板来实施你的方案。

你的目标是什么？

尽可能具体——这将帮助你衡量自己的进度，确定一个可行的方案。

阻碍你实现目标的障碍是什么？

这些问题可能是潜在的问题（如果你刚起步），也可能是你已经遇到的实际问题。具体描述这些问题。

对这些问题的诊断是什么？

寻求完整的诊断，以便找到问题的根本原因。要了解如何操作，参见第52页。

你打算如何解决这些问题？

仔细观察诊断结果，有创意地思考如何克服你找到的根本原因。相关提示参见第 58 页。

你打算如何实施方案？

一项方案如果没有明确的待办事项，就不能算是一项方案。规划你接下来的行动，以及你落实这些行动的动力。

练习 4

学习如何克服你最大的两个障碍，

从错误中获得最大的收获

阻碍你学习和进化的两个最大的障碍是你的自我意识和盲点。

这两个障碍结合在一起，使你难以客观地认识你和你所处环境的真实状况，并难以通过他人获得最大程度的帮助，从而做出最好的决定。如果你能理解人脑这台机器是如何运行的，就能理解这两个障碍为什么存在，以及如何调整你的行为，让你变得更快乐、更有效率、更好地与他人交流。

在这个练习里，我将解释这两个障碍，并提示你一些问题，以让你思考如何与你的自我意识和盲点相互作用。

扫一扫，
尝试此项练习

你的自我意识障碍

我所说的"自我意识障碍"，是指你的潜意识防御机制，这些机制让你难以接受自己的错误和弱点。你最深层次的需求和恐惧，如需要被爱、恐惧失去爱，需要生存、恐惧无法生存，需要活得有价值、恐惧活得没价值，都存在于你大脑的原始部位。这些部分，如杏仁核，是你的颞叶深处的构造，这些构造负责处理情绪。因为你大脑里的这些区域与你的意识是分离的，所以你几乎不可能理解这些区域想要什么，以及这些区域如何控制你。这些区域对事物进行过度简化的处理，本能地做出反应。这些区域渴望赞美，把批评视为攻击，尽管大脑较高层次的部分明白，建设性的批评对你有好处。这些区域使你产生戒心，特别是涉及对你的评价时。

较高层次的意识存在于你的前额皮质。你用这个区域来体验决策的意识（所谓的执行功能），以及逻辑和推理的应用。

两个"你"在为了控制你而打架

这就像是科幻小说《化身博士》中的正邪两方——杰基尔博士和海德，尽管较高层次的你意识不到较低层次的你。这场冲突是普遍存在的。如果你足够专注，你其实可以看到，有时一个人大脑的这两个部分在相互争论。例如，当一个人"生自己的气"时，他的前额皮质就在和杏仁核（或者大脑其他较低层次的区域）打架。例如，"为什么我放任自己把那一整块蛋糕都吃掉了？"答案是："因为较低层次的你胜过了会思考的较高层次的你"。

一旦理解

（a）逻辑/意识的你和

（b）情感/潜意识的你是如何打架的，当你的两个自我和其他人的两个自我打交道时，你就可以想象那是什么样子。那会是一团糟。较低层次的自我就像攻击犬一样，就连较高层次的自我想要把事情弄清楚时，较低层次的自我也想打架。这是非常令人困惑的，因为你和跟你打交道的人通常甚至不知道存在着像野兽一样的较低层次的自我，更不会知道这些自我在试图操纵每个人的行为。

让我们看看，当有人不同意你的意见，并要求你解释自己的想法时，通常会发生什么情况。因为你的天性会把这种挑战视为攻击，所以你会发怒，而更理性的做法是对其他人的观点感兴趣，特别是对聪明人的观点。当你试图解释自己的行为时，你的解释通常毫无道理。这是因为，较低层次的你正试图通过较高层次的你来发言。你根深蒂固的、隐藏的动机在控制着你，所以你几乎不可能理性地解释"你"在做什么。即使最聪明的人通常也是如此，这很可悲。

要做到有效率，你一定不能让表现得正确的需求，凌驾于发现真实情况并找到最佳应对方法的需求之上。

如果你对自己的认知或者自己擅长的事过于自豪，你学到的东西就会变少，你会做出糟糕的决定，无法充分发挥自己的潜力。

当你犯错或看到自己的弱点时，
自我敏感让你感觉有多严重？

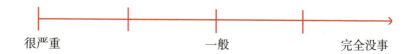

很严重　　　　　　　　　一般　　　　　　　完全没事

你有多擅长阻止较低层次的自我控制你？

很不擅长　　　　　　　　一般　　　　　　　很擅长

　　注意，从较低层次的你中也会产生很多好东西，如你的本能、直觉、情感和大部分的创造力，所以明智的做法是让这些东西浮上水面，使其与你有意识的想法保持一致。

　　当你的自尊心受到伤害时，你会意志消沉。我知道有许多能力卓绝、才华横溢的人觉得批评会让自己一蹶不振。

你觉得受到批评的好处最终多于代价，

还是相反？

代价远多于好处　　　　　　差不多　　　　　好处远多于代价

你通常觉得批评会让你振奋还是消沉？

总是导致消沉　　　　　　差不多　　　　　总是令人振奋

　　人们很容易受到赞美，被赞美的感觉很好，但赞美通常不会推动人们学习和进化。如果你认识到，成功之道要专注于进步，就会明白给予和接受批评令人振奋，是应当悦纳的。在这个练习的末尾，你会找到一些指导和一个工具，帮助你超越自我意识，从错误中获得最大的教益。

你的盲点障碍

除了自我意识障碍，你（以及所有其他人）也会有盲点。在盲点区域，你的思维方式会阻止你以最合理的方式看待事物。就像人的辨音能力和辨色能力各有差异一样，观察和理解事物的能力也存在差异。我们都以自己的方式看待事物。例如，有些人天生会看到大局而忽视细节，而另一些人天生会看到细节而忽视大局；一些人习惯单维思考，而另一些人习惯多维思考。认识到这些差异的存在，能让我们妥善地处理差异，使之不再成为问题。

自然，人无法欣赏自己看不到的东西。一个人如果无法识别模式、加以综合，他就不知道识别模式、加以综合是什么感觉，就像色盲患者不知道颜色是什么一样。人类大脑机能的这些差异，远不如身体机能的差异明显。色盲患者最终会发现自己是色盲，而人的思维方式会使人变得盲目，大多数人从来都看不到或理解不了这一点。让这个问题变得更严重的是，虽然所有人都有盲点，但我们不愿意承认自己或其他人有盲点。

当你指出某个人的心理弱点时，对方通常会像被指出生理弱点一样，不愿接受。像人格评估测试这样的工具，可以帮助人们以客观和比较轻松的方式探索这些弱点。

大多数人不知道别人是怎么看待事物的，也不擅长探究别人的想法，因为他们一心只想告诉别人自己认为正确的知识。换言之，人们大多头脑封闭，有太多的先入之见。头脑封闭会带来巨大的代价，会使你看不到各种美好的可能性，也会妨碍你避开危险的威胁，而原本其他人也许能向你指出这些危险。它还会阻碍你收到可能是建设性的甚至能救你命的批评。

你能在多大程度上意识到自己的盲点?

根本无法意识到　　　　　　　一般　　　　　能很好地意识到

你为什么相信自己的回答是对的?

你的盲点是什么？以下是一些例子。

请随意添加你自己认识到的盲点。

○ 通观全局

○ 注意到重要的细节

○ 预见问题

○ 仔细规划

○ 发明创造性的解决方案

○ 认识到隐藏的机会

○

○

○

○

○

了解你的人认为，这在多大程度上是对你的盲点的准确描述？

不准确　　　　　　　　比较准确　　　　　　　很准确

他们会如何评价你对盲点的处理？

不好　　　　　　　　　还不错　　　　　　　　很好

由于这两个障碍的存在，意见相左的人通常坚持认为自己是对的，最终朝彼此发火。这是不理性的，并会导致做出次优的决策。

毕竟，当两个人得出相反的结论时，有可能其中的一方是错的。你难道不想确保错的人不是你吗？

不能从其他人的思考中获益这种情况，并不只发生在出现分歧的时候，通常当人们试图解决问题时，都会发生这种情况。当试图弄清楚问题时，大多数人都在自己的头脑里转圈，而不是吸收所有他们能得到的好想法。因此，他们总是据己所见下结论，不断地撞向自己看不到的东西，直到这种挫折导致他们为了适应环境而做出改变。能适应环境的人通过以下途径做到这点。

（1）训练自己的大脑以一种非本能的方式运转（例如，有创造力的人学着通过自律和实践来让自己的头脑变得有条理）

（2）使用补偿机制（如程式化的提醒机制）

（3）依靠在这些领域比他们更厉害的其他人的帮助

想法的差异可以产生共生和互补的效果，而不是破坏性的效果。

例如，有创造性的人常用的多维思维方式可能导致他们不可靠，而更倾向于单维思维的人通常更可靠；一些人更情绪化，另一些人则更有逻辑。在任何复杂的项目中，若是没有其他具有补益优势的人的帮助，个人就不可能取得成功。

根据亚里士多德的定义，悲剧是一个人的致命缺陷所导致的可怕结果，如果这个缺陷得到弥补，就能有好结果。在我看来，这两个障碍，即自我意识和盲点，就属于致命的缺陷，会导致聪明勤奋的人无法充分发挥自身潜力。

你想学习如何克服这两个障碍吗？

你能克服它们，每个人都能。

 扫一扫，
观看实际案例

以下原则和提示将帮助你理解如何做到这一点。

原则

践行极度的头脑开放。

如果你知道自己看不见，可以想办法来看见，但如果你不知道自己看不见，就会继续碰到问题。换言之，如果你能意识到自己有盲点，并以开放的心态考虑这样一种可能性——对一些问题其他人可能看得比你更清楚，同时他们试图指出的威胁和机会确实存在，你就更有可能做出正确的决定。

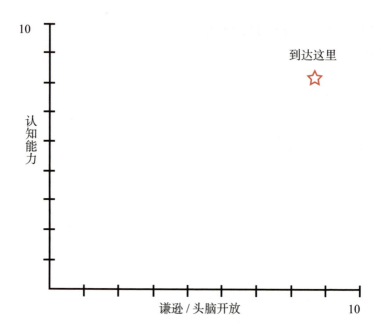

原则

理解你自己和其他人的意境地图与谦逊。

　　一些人擅长自己把事情的做法搞明白，这些人有良好的意境地图。也许他们后天习得了这种能力，也许他们生来就有这方面的能力。无论是哪种情况，与其他人相比，他们心中有更多的答案。同样，有的人比其他人更谦逊、头脑更开放。与拥有良好的意境地图相比，谦逊的价值可能更大，因为谦逊或许能让你找到比你自己能想出的更好的答案。既头脑开放又拥有良好的意境地图，是最强大的。

学习头脑极度开放

学习头脑极度开放是你可以采用的最重要的提高效率的手段之一，因为这能让你看到很多额外的东西，利用别人最顶尖的智慧，而不只依靠你自己。因此，客观地评价你的头脑有多开放，并为践行这一点而努力，是非常值得的。

大多数人其实并不明白，头脑极度开放是什么意思。他们把头脑开放描述为"对犯错持开放态度"，同时抱残守缺，不去努力理解其他观点背后的原因。还有人错误地认为，头脑开放的意思就是盲从其他人的观点，而不是根据事态发展独立地评估这些观点。我称这种做法为"既头脑开放又固执"。虽然一些人确实理解头脑极度开放的意思，但对大多数人来说，将其付诸实践极为困难。

以下提示将帮助你思考日常行为，你可以据此改变自己的日常行为，使头脑更加开放。

扫一扫，
尝试此项练习

请想想你有多认同下面的话。

我通常更倾向于提问，而不是告诉人们我所认定的事实。

很不认同　　　　　　　　　　一般　　　　　　　　很认同

**我对其他人的生活方式（如其宗教、文化或政治信念）
感到好奇，并不加评判。**

很不认同　　　　　　　　　　一般　　　　　　　　很认同

我喜欢探索新闻媒体和社交媒体上反映不同观点的内容，而不是那些强化我自己观点的内容。

很不认同　　　　　　　一般　　　　　　　很认同

大多数认识我的人都会说，我善于倾听。

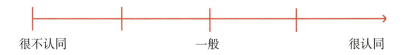

很不认同　　　　　　　一般　　　　　　　很认同

在和其他人出现意见分歧时，我经常情绪化。

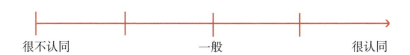

很不认同　　　　　　　一般　　　　　　　很认同

如果我的观察结论和观点与旁人不同，我就会绝口不提。

很不认同　　　　　　　　　一般　　　　　　　　　很认同

我更倾向于多问问题，而不是陈述观点。

很不认同　　　　　　　　　一般　　　　　　　　　很认同

**我对以上问题的回答是准确的吗？还是我刻意改变了自己的回答，
以制造自己的头脑比较开放的假象？**

不准确　　　　　　　　　比较准确　　　　　　　　很准确

回顾答案，我会认为自己头脑开放还是头脑封闭？

如果你的头脑不是很开放，好消息是，你有巨大的潜力去学更多东西，做出更好的决定。头脑极度开放是一个极为有力的习惯，大多数人都难以践行这一习惯，但人们可以通过实践来养成这一习惯。首先，你要诚实地反思，你对不同意见和反馈会做出什么样的反应，或者只是问问自己，你有多么坚持自己的观点。下次你遇到这种情况时，请花点时间思考一下你自己的头脑开放程度。你更倾向于认为"我是对的"，还是更倾向于自问"我怎么知道我是对的"？

原则

拿你的观点和可信的、愿意表达不同意见的人交流。

你可以借鉴别人最好的想法，从而做出超越自身能力的更好的决定。聪明的人会向其他聪明人提问，以这样的方式，他们会迅速变得很聪明。我发现，通过对专家单独提问和鼓励他们深思熟虑后表达不同意见，大大提升了我做出正确判断的概率，并迅速使我受益匪浅。当专家不同意我的意见，或者不赞同其他专家的判断时，这一点最为明显。能够在深思熟虑后表达不同意见的聪明人是最了不起的老师，比受命站在黑板前教导你的教授好得多。在获得知识之后，我通常会据此来总结和完善一些原则，以应对未来出现的类似情况。

有时相关问题太复杂，我无法在要求的时间之内理解，在这些情况下，我会让比我更可信的知识渊博的人来做决定，但我依然愿意听他们经过深思熟虑的不同意见。我发现大多数人不这么做——即使在自己没有能力做出判断的时候，他们仍更喜欢自己做决定。他们这么做是屈从于较低层次的自我。

我发现，遵循这样的方法，我可以在几乎所有领域，包括那些我一点也不熟悉的领域，做出好的决定。了解如何与高度可信的、愿意公开表达不同意见的人进行高质量的沟通，会对你的生活产生深远的影响，就像我所经历的一样。

扫一扫，
观看实际案例

如何从你的错误中汲取最大程度的教训

每个人都会犯错。主要区别是，成功的人会从错误中学习，失败的人不会。如果能创造一种环境，在这种环境中，人们可以安全地犯错，从而可以从错误中学习，那么你将看到人们迅速取得进步，犯的重大错误会变少。这一点尤其明显地体现在那些重视创造力和独立思考的组织之中，因为成功不可避免地需要人们接受失败，把这作为成功过程的一部分。正如托马斯·爱迪生曾说的："我没有失败过。我只是找到了一万种行不通的做法。"这就是进步的样子。

错误会带给你痛苦，但你不要试着把自己或其他人保护起来，不接受痛苦的考验。痛苦是一种信息，告诉你什么地方出错了；痛苦也是一个有效的老师，告诉你不要再犯这样的错误。要妥善应对你自己和其他人的弱点，你必须坦率、公开地承认这些弱点，并努力找到合理的办法，防止这些弱点在未来对你构成损害。这时很多人会说："谢谢，不必了，这不适合我。我宁愿放着这些问题不管。"但这有悖于你的最大利益（在工作环境中，也有悖于你所属组织的最大利益），而且会妨碍你实现自己的目标。

我觉得，假如你回顾一年前的自己时，没有震惊地发现你当时是多么愚蠢，那么你就没有学到多少东西。然而，很少有人愿意主动接受自己的错误。我们有必要改变这种现状。

我经常觉得，父母和学校过度强调了"始终保持正确"这一点的价值。根据我的经验，学校里最优秀的学生往往最不善于从错误中汲取教训，因为他们已经习惯把错误和失败联系在一起，而不是和机会联系在一起。这是影响他们进步的重大障碍。

聪明的人会坦然接受自己的错误和弱点，他们的表现会明显胜过那些能力与他们相当，却面临着更大的自我意识障碍的人。

原则

要认识到错误是进化过程中很自然的一部分。

如果在走向正确的道路上不介意犯错，你就会学到很多东西，提高效率。但如果无法容忍自己可能犯错，你就不会成长，会给自己和周围的人带来痛苦，你的工作环境将充满卑鄙的背后中伤和恶意的讽刺，而不是健康、诚实的求真求实。

你一定不能让表现得正确的需求凌驾于发现真实情况的需求之上。杰夫·贝索斯的话很好地说明了这一点："你必须愿意接受反复的失败。如果你不愿意失败，最好不要从事创新工作。"

在我的公司里，我创建了一个"问题日志"，作为记录错误并从中学习的主要工具。我们利用这个工具把所有问题摆到台面上，以便把问题交给解决者，进行系统化的改进。

扫一扫，
观看实际案例

问题日志就像一个过滤器，可以拦住垃圾。任何错误都必须归入日志，并写明问题的严重程度和负责人，以便对大多数问题进行分类整理。问题日志还能提供诊断问题的途径，以及与问题有关的信息。问题日志以此提供有效的绩效衡量标准，因为利用问题日志，你可以衡量出现问题的数量和类型（并确定造成问题和解决问题的人）。

尽管问题日志是在组织内部创建的，但它也能有效地帮助人们解决在追求个人目标时遇到的问题，所以我在以下几页中列出了一个模板。有机体、组织和个人总是很不完美的，但都能够改进。因此，与其沉迷于隐藏自己的错误，假装自己是完美的，不如找到自己的缺点并加以解决。你可以从错误中吸取宝贵的教训，继续前进，为成功做出更好的准备，否则你将失败。

不利结果

参考你预计事物发展趋势的"意境地图",描述不利结果(例如,"本来预计会发生这样的结果,但实际发生的是 X-Y-Z")。

负责人

谁应为不利结果负责?有必要从负责人的角度思考问题(而不是只考虑不利结果本身),以避免将问题一般化,无法理解问题的真正原因。

严重程度(1~5)

"1"代表小问题(尽管大量的 1 可能很严重);"5"代表灾难性问题,是妨碍你实现目标的重大威胁。

1   2   3   4   5

诊断

问题的根本原因是什么？是负责人的问题还是设计机制的问题？有关诊断的更多信息，参见第 52 页。

对人员／设计机制进行改革

一项方案必须有明确的待办事项，否则就不是方案。列出你接下来的任务，以及你完成这些任务的动力。

你的个人日志从这里开始

这些日志页大多是空白的，附有各种原则和想法来启发你自己思考。你可以随意使用这些页面，写下你自己的思考所得和原则，始终牢记第 100~101 页上分享的模板。

原则

真实情况，或者更确切地说，对现实的准确理解，是实现任何良好结果的基本基础。

大多数人抗拒不符合自己心愿的真实情况。这很不好，原因是：好的东西自动向好的方向发展，所以理解和处理不好的东西更为重要。

手头的情况

这个情况"所属的类型"是什么

你运用的原则以及你对这些原则的权衡

思考

新的原则

原则

接受和应对现实。

理解现实如何运行、如何应对现实，是最为重要的。你投入这个过程时的心态会决定一切。我发现很有益的做法是，把生活想象成一场游戏，在这场游戏中，我面对的每一个问题都是我需要解决的谜题。通过解题，我会获得一颗宝石，即一项原则，它能帮助我在未来避免遭遇同样的问题。在不断收集这些宝石的过程中，我的决策能力不断提升，所以我能升到越来越高的游戏级别。在此过程中，游戏变得越来越难，赌注也变得越来越大。

原则

梦想 + 现实 + 决心 = 成功的人生。

取得成功、推动进步的人，深刻理解支配现实的因果关系，并拥有原则，在原则的指导下运用因果关系，实现愿望。这一命题的反面也是成立的：不充分立足于现实的空想者会制造问题，而不是创造进步。

扫一扫，
观看动画片

Remember that whatever
is happening to you happened
to others many times before and
to many people. 无论你正在经历什么事，都有很
多人经历过很多次。

原则

从更高的层面上看待机器。

能从更高的层面看问题，这是人类拥有的独特能力，这不仅适用于理解现实及其背后的因果关系，也适用于看待你自己和你周围的人。这种超越自己和其他人所处的环境客观地看待自己和其他人的能力，我称为"更高层次的思维"。有了更高层次的思维，你就能研究和影响在你生活中发生作用的因果关系，并利用这些因果关系得到你想要的结果。

目标　➡️　机器　➡️　结果

meditate!

冥想!

原则

不要固守你对于事物"应当"如何的观点，因为这会使你错失了解事物真相的机会。

重要的是，不要让偏见妨碍我们的客观性。为了实现好的结果，我们需要保持逻辑清晰，而不是情绪化。

Be more curious than
proud about what you know.

对你所知道的东西，要保持怀疑，　　　　不要骄傲。

原则

一条自然的基本法则是：为了获得力量，人必须挑战自己的极限，这是一个痛苦的过程。

正如卡尔·荣格所说："人需要困难。这是维持健康的必要条件。"但大多数人本能地躲避痛苦。在锻炼身体（如举重）和锻炼心灵（如挫折、精神斗争、尴尬、羞耻）方面，都是这样，尤其是当人面对自己不完美的残酷现实时。

原则

痛苦 + 反思 = 进步。

痛苦是无法避免的，尤其是当你追求雄心勃勃的目标时。信不信由你，如果你以正确的方式对待痛苦，对于自己能感受到痛苦，你应该感到幸运，因为这表明你需要找到解决方案，这样才能进步。如果你能对精神痛苦形成一种条件反射式的反应，让自己思考痛苦而不是逃避痛苦，这将引导你快速学习 / 进步。

原则

直面痛苦，而不是逃避痛苦。

如果你不放纵自己，而是习惯于始终忍受一定程度的痛苦，你就会以更快的速度进化。事实就是这样。

原则

经常用痛苦来引导自己进行高质量的思考。

精神痛苦常常来源于这种情况：太执着于某个想法时，这时出现了某个人或某件事，对这种想法构成了挑战。当别人向你指出的东西涉及你的弱点时，尤其如此。这种精神痛苦是一个线索，表明你可能是错的，你需要以一种高质量的方式来思考这个问题。为此，你首先需要让自己冷静下来。这可能会很难。你可能会觉得你的杏仁核在发挥作用，如头皮发麻、身体紧张，或者感觉烦恼、愤怒或恼火。当这些感觉在你身上出现时，你要留意。如果能意识到这些代表头脑封闭的信号，你就能用这些信号作为线索来控制自己的行为，引导自己走向头脑开放。经常这么做将增强你控制较高层次的自我的能力。做这个练习的次数越多，你就会变得越强大。

Keep thinking about
how the machine is working
and how you can make it
work better. 始终关注机器的运转方式，以及
如何让机器运转得更好。

原则

不要为自己或他人的错误感到难过。要爱这些错误！

人们通常会对自己的错误感到难过，这是因为他们以短浅的目光看待不好的结果，而没有考虑进化的过程，事实上，错误是进化不可或缺的组成部分。我曾有一个滑雪教练，他也教过有史以来最伟大的篮球运动员迈克尔·乔丹。他告诉我，乔丹很喜欢自己的错误，把每一个错误都看作进步的机会。他明白，错误就像一些小谜题，解谜后你就会得到一颗宝石。你每犯一个错误，并从中吸取教训，都会使你在未来避免成千上万个类似的错误。

 扫一扫，
观看实际案例

原则

不要忧心自己的形象，要关心如何实现你的目标。

要抛开你的不安全感，不断努力实现你的目标。思考并提醒自己，准确的批评是你能收到的最有价值的反馈。如果滑雪教练告诉你，你摔倒的原因是重心不对，但你把这视为他对你的责备，这种想法既愚蠢又无益。如果主管指出你工作过程中的一个缺点，道理也是一样的。解决这个缺点，然后继续前进吧。

原则

为自己的结果负责。

无论在生活中遇到什么情况，如果你能为自己的决定负责，而不是抱怨事情超出你的控制，将更有可能获得成功和幸福。

原则

对自己负责，感谢让你负起责任的人。

有些人有能力和勇气来让别人负起责任，而大多数人没有这种能力。拥有这样的能力和勇气是很关键的。

扫一扫，
观看实际案例

原则

**谨记，实现你的目标通常有很多条
道路。**

你只需要找到行之有效的那条路。

原则

绝不要因为你觉得某个目标无法实现而否决这个目标。

胆子要大。要实现目标，总有一条最佳路径。你的任务是找到它，并勇敢前行。你认为可以实现的目标，只是从你目前所知的情况中推导出来的。一旦开始你的追求，你会学到很多，特别是在你和其他人沟通的情况下；你会看到从未见过的路径。当然，有一些事是不可能的，或者近乎不可能，例如个头不高的人去打职业篮球队的中锋，或者 70 岁时在 4 分钟内跑完 1.6 千米。

Don't ignore nature.
At least occasionally
immerse yourself in it.

不要忽视自然。　　　至少偶尔让自己沉浸在自然之中。

原则

你未来的样子取决于你的视角。

你的人生会走向何处，取决于你如何看待事物，以及你与谁、与什么有联结感（你的家庭、社区、国家，人类、整个生态系统，以及其他所有东西）。你必须决定，在何种程度上将他人的利益置于自己的利益之上，以及这样对待哪些人。这是因为，你会经常遇到迫使你做出这种选择的情况。

原则

别把成功的装饰误认为成功本身。

成就导向固然重要，但那些痴迷于
1 200 美元一双的鞋子或豪车的人，
通常都不会幸福，因为他们不知道
自己真正想要什么，因而也不知道
什么会让自己满意。

EARN moRE than you spabl.
That will give you freedom,
safety, and the power
to do what you want.

收入要比支出多。这会给 你带来自由、安全感，以及
实现目标的力量。

原则

排列优先顺序：虽然你几乎可以拥有你想要的任何东西，但你不可能拥有你想要的一切。

生活就像一场大型自助餐，美味的选择很多，但你不可能都尝遍。选择一个目标往往意味着放弃一些你不那么想要的东西，以获取你更想要的东西。在这一点上，一些人还没开始就失败了。他们害怕为更好的选择而放弃次优选择，试图同时追求很多目标，最终只能实现其中的极少数，或者一无所得。不要气馁，不要在繁多的选择面前无所适从。你可以拥有很多东西，比你需要的更多，让自己获得快乐。做出你的选择，然后行动起来吧。

原则

如果你拥有灵活性，能自我问责，就几乎没有什么能阻止你成功。

灵活性能让你接受现实（或知识渊博的人）教给你的东西。自我问责很有必要，因为如果你真的认为，没能实现某个目标是你个人的失败，你就会看到，这一失败意味着你的创造力、灵活性或决心不足，不足以实现自己的目标。你会更有动力去想办法。

Remember that you can't be good at everything and even if you were you wouldn't have the time to do everything so you have to work well with others

记住，你不可能擅长所有的事情，即便如此，也不可能有时间去做所有的事情，所以你必须与其他人合作。

原则

每个人都至少有一个妨碍自己成功的大问题，找到你的大问题并解决它吧。

写下你的大问题（如发现问题、设计解决方案、落实方案）及其存在的原因（你的情绪会绊倒你、你无法设想足够多的可能性）。虽然你像大多数人一样可能不止有一个大障碍，但如果你能消除或避开最大的障碍，将会大大改善你的生活。如果你致力于此，你几乎肯定能成功解决自己最大的问题。

原则

你要真心相信，自己可能不知道最好的路径是哪条，并要认识到，你处理未知情况的能力，比你已知的任何事情都更重要。

大多数人做出错误决定的原因是，他们确定自己是对的，因而不允许自己看到现实存在更好的选择。头脑极度开放的人知道，提出正确的问题，向其他聪明的人征询意见，是很重要的，和拥有所有答案一样重要。他们明白，不在未知状态中待一段时间，就无法做出一个好决定。这是因为，存在于未知领域的东西，远比已知的东西更重要，更令人兴奋。

When two people disagree one of them is probably wrong. Wouldn't you want to know if that person is you?

当意见不一致时，很可能有人是错的。你难道不想知道，是不是你错了吗？

原则

你能做出的最重要的决定之一是向谁提问。

确保他们是可信的，而且掌握充分的信息。你想了解什么事，就去找那方面的高手，向他们咨询。向不了解情况的人寻求建议，比完全没有答案更糟糕。

Ask more questions than you tell answers.

多问，少答。

原则

不要听见什么就信什么。

观点很容易形成，几乎每个人都会
和你分享观点。许多人都会把观点
当作事实来陈述。不要把观点误认
为事实。

原则

做一个非完美主义者。

完美主义者花太多时间关注微小的差别，而忽略重要的事情。在做决定时，通常只有 5~10 个重要因素需要考虑。深入了解这些因素是很重要的，但过了某个临界点之后，研究重要因素的边际收益也是有限的。

原则

知道如何处理好挫折，与知道如何前进一样重要。

有时你知道你要穿过一道瀑布，没有办法避开。你在生活中总会遇到这样的挑战，其中一些在当时看来是毁灭性的。在经济不景气的时候，你的目标可能是保住你拥有的东西，把损失降到最低，或者只是应对不可挽回的损失。你的使命是始终做出最好的选择，你要明白，这样做会有回报。

Everyone makes mistakes.
The main difference between
successful people and
unsuccessful people is that
successful people learn from
them. 每个人都会犯错，成功者与失败者的主要
区别在于，前者会从错误中学习。

原则

以正确的方式失败。

每个人都会失败。你看到的任何成功人士，都只是在你所关注的领域成功了——我敢担保他们在许多其他事情上也会失败。我最尊敬的人是能以正确的方式失败的人。比起成功者，我更尊敬他们。这是因为，失败是一种痛苦的经历，而成功是一种快乐的经历，因此，与单纯的成功相比，经历过失败—改变—成功的人，必然拥有更优秀的性格特征。单纯的成功者一定没有挑战自己的极限。当然，失败但意识不到失败且不做出改变的人，是最差劲的。

 扫一扫，
观看实际案例

原则

要有所成就，就不能在不可妥协的事情上妥协。

但我看到人们一直在妥协，通常是为了避免让其他人或自己感到不舒服，这种做法不仅落后，而且会适得其反。把舒适看得比成功更重要，会给所有人都带来更糟糕的结果。我喜欢和我一起工作的人，尽力督促他们做到功成名就，也希望他们以同样的方式对待我。

原则

要明白，你不必害怕知道真相。

假如你像大多数人一样，直面赤裸
裸的真相会感到焦虑，那么，为了
克服这一点，你需要从理智上理
解，为什么谎言比真相更可怕，然
后通过练习，习惯生活在真相中。

Be strong!!

要坚强！！

原则

要正直，并要求别人正直。

"integrity"（正直）这个词源于拉丁词"integritas"，意思是"一"或者"完整"。表里不一的人不正直，即"不完整"，是"二元分裂"的。虽然有时候刻意包装自己的观点，可以减少一些麻烦（因为你可以避免冲突或尴尬，或者实现一些其他的短期目标），但正直、避免表里不一的二阶和三阶效果是巨大的。表里不一的人内心很矛盾，经常与自己的价值观脱节。他们很难获得快乐，也几乎不可能成为最好的自己。

原则

有意义的人际关系和有意义的工作是相互强化的，特别是在以极度求真、极度透明为后盾时。

最有意义的人际关系是在这样的情况下建立的：你和其他人可以开诚布公地谈论所有重要的事，一起学习，并且理解要想让自己做到最优秀，就需要对彼此问责。当你和合作者建立这样的人际关系时，你们就会互相帮助，共同渡过困难时期；同时，共同推进有挑战性的工作会拉近你们的距离，强化你们的关系。这种自我强化的循环会带来成功，让你能够追求越来越远大的目标。

 扫一扫，
观看实际案例

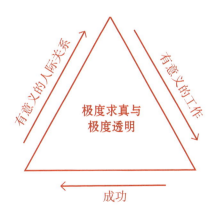

make your work and your passion the same thing. Do it with people you want to be with. And don't forget the money part.

让你的工作与你的激情保持一致，和志同道合的人一起努力，同时不要忘记赚钱。

原则

既要头脑开放也要自信。

要想有效地处理深思熟虑的意见分歧，需要保持头脑开放（从别人的角度看问题），还要自信（清楚地表达你的看法），并灵活地处理这些信息，以创造一个不断学习和适应的过程。

扫一扫，
观看实际案例

Remember that knowing how to deal with what you don't know is more important than anything you know.

请记住，知道如何处理 未知的事情，比你已知的所有事情更重要。

原则

1+1=3

通力合作的两个人的效率，将是这两个人分别单干的三倍左右，因为每个人都将看到另一个人的盲点，同时能利用彼此的优势，并以更高的标准相互问责。

原则

要小心那些耻于承认自己不知道的人。

他们可能更关心形象，而不是实际实现目标；随着时间的推移，这可能导致惨败。

Look at other people and
the world without bias.

要不带偏见地看待他人和世界。

原则

要认识到，对良好的人际关系来说，冲突是必不可少的，因为人们通过冲突来判断彼此的原则是否一致，并解决分歧。

每个人都有自己的原则和价值观，所以所有的人际关系都需要一定程度的谈判或辩论，以商定人们彼此应该如何相处。相互了解，要么让你们走到一起，要么让你们分开。如果你们的原则一致，可以通过互谅互让的方式解决分歧，你们就会走得更近，反之就会相互远离。公开讨论分歧可以确保你们之间没有误解。如果不进行持续的公开讨论，你们在观点上的分歧就会扩大，直到不可避免地爆发重大冲突。

原则

不要搁置重大冲突。

虽然在短期内，避免冲突的做法更方便，但从长远来看，这可能导致巨大的破坏性后果。真正解决冲突至关重要——不是通过表面的妥协，而是通过寻求重要、准确的结论。在大多数情况下，这个过程应当对其他相关者（有时是对整个组织）透明，以确保做出高质量的决策，并延续公开解决争议的文化。

原则

当有人和你意见一致时，要珍惜这一点。

虽然世界上没有人会在所有问题上和你观点一致，但总有人会在最重要的价值观以及选择如何实现这些价值观方面和你一致。要确保你最终和这样的人在一起。

扫一扫，
观看实际案例

原则

确认一个问题之后，不要容忍它。

容忍问题，相当于未能确认问题。无论原因是你认为问题无解，是你不在意它是否得到了解决，还是你无法集中足够的精力来解决它，如果没有争取成功的意志，你将身陷"死"局。你需要养成一种习惯，绝对不容忍任何不利情况，无论不利程度是轻还是重。

To be excellent requires hand work 成就伟大需要 不懈努力。

原则

不要沮丧。

如果你现在没有遇到坏事，等一会儿就会遇到。这就是现实。我对待生活的态度是：现实就是这样，我需要弄清楚该怎么应对，而不是花时间悲叹，说若非如此该有多好。温斯顿·丘吉尔曾一针见血地说："成功就是在屡战屡败的时候不丧失热情。"

扫一扫，
观看实际案例

原则

不要对解决困难的事感到畏惧。

在某些情况下，人们会接受不可接受的问题，因为他们认为这些问题很难解决。但与不去解决相比，解决这些问题反而会让人轻松得多，因为不解决这些问题会导致更多的压力、更多的工作和长期的不利结果，可能使你被解雇。所以，请谨记管理的首要原则之一：你需要查看你从机器中获得的反馈，要么解决问题，要么将其升级，如果有需要的话，一遍又一遍地重复这个做法。最让人轻松的做法是：把问题摆到桌面上，让优秀的问题解决者来解决问题。

To have the best life possible
you only need to:
1) Know what the best
decisions are, and
2) have the courage to
make them.

为了使最好的生活成为可能，你只需要知道什么是最好的决策，并拿出勇气去做出这些决策。

练习 5

了解你和你关心的人

在人生旅途中所处的位置

这个练习旨在帮助你正确看待你和你关心的人的生活，为未来做计划，以帮助你实现人生愿望。

我将这种思路传授给了很多人，大家都受益匪浅。我希望它也能帮助到你。我把这部分内容放在这本日志的末尾，是为了在前面减少关于这项练习的内容，但你可以在任何时候进行这样的练习。

扫一扫，
观看实际案例

如你所知，我发现几乎所有的事都基于几乎相同的原因反复发生，因此要理解任何事，你都有必要了解一个典型的案例是如何展开的，并观察使其以这种方式展开的因果关系。然后，基于对这个典型案例的认识，你可以观察个别案例与典型案例之间的差异，从而理解差异出现的原因。

在这项练习中，我会请你观察典型的生活轨迹和你自己的生活轨迹，并对其加以思考。

这项练习将帮助你想象，你可能遇到什么情况，为之做计划，并在发生这种情况时加以应对。并不是所有人的人生轨迹都一样，也没有哪种轨迹比其他轨迹更好——每一个轨迹都是一场独特的旅程，反映了当事人所面临的环境和所做的决定。同时，大多数轨迹都相似，彼此的区别只是相对较少的原因导致的。例如，在撰写本书时，典型的人生持续 80 年左右，在发展过程中经历三个很不一样的阶段，其间有两个 5~10 年的过渡阶段。理解其中的原理，以及可以如何将其应用于你的生活，具有极高的价值，即使你的人生轨迹与典型的人生轨迹大相径庭，你也会在思考自己的人生轨迹时找到价值。

人生轨迹的三个阶段

在第一阶段，你学习并依赖其他
人。你在学校里，处于其他人的照
顾之下。在第二阶段，你工作，其
他人依赖你。在这个阶段，你努
力同时在工作和家庭方面取得成
功，所以你面临着平衡工作和生活
的挑战。在第三阶段，你摆脱了这
一切，从而可以在不承担义务的情
况下享受生活，并自由地离开人
世。在从第二阶段向第三阶段过渡
的过程中，你的自然倾向和贡献来
自向他人传授你所获得的教益，以
帮助其他人独立获得成功。我现在
就处于第三阶段，这激励我把这本
书以及我学到的其他东西传授给其
他人。

虽然你无法改变你所处的阶段，但
你可以知道你和你关心的人处在哪
个阶段，以及你们在走向哪里，你
可以为此制订计划，很好地适应
未来。

下面这张图展示了典型的人生轨迹。它是按从出生到死亡的时间顺序显示的。要想把你所处的位置看清楚，你需要估计自己处在人生轨迹的什么位置。不需要做到百分百精确，因为人生并不精确，在确定自己在人生轨迹上的大致位置时，你不需要查看图中所示的每一个里程碑。（当然，如果愿意，你可以这么做。）

当你确定自己在人生轨迹上的位置后，我会让你回顾一个里程碑清单，看看你路过了哪些里程碑才抵达现在的位置。这将帮助你看清自己走过的路，并看清自己的前路。

人生轨迹

拥有稳定的工作
经历多段感情
遭遇重大失败
获得某项重大成就
从成败中吸取经验
独立租第一个住处
跳槽
转行
有一段稳定的感情
结婚
换一套大房子
管理工作团队

□ 选择职业
□ 完成学校教育
□ 进入研究生院学习
□ 大学毕业
□ 选择专业
□ 上大学
□ 高中毕业
□ 第一段热恋
□ 第一次赚钱
□ 第一次恋爱
□ 拥有第一辆车
□ 初中毕业
□ 上一年级
□ 第一天上学
□ 出生

0

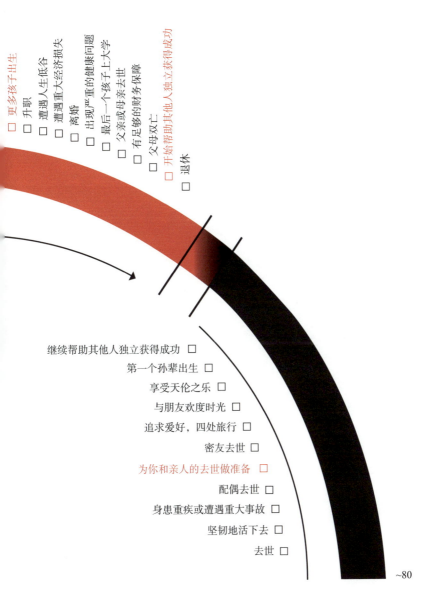

□ 更多孩子出生
□ 升职
□ 遭遇人生低谷
□ 遭遇重大经济损失
□ 离婚
□ 出现一个孩子上大学
□ 最后一个孩子去世
□ 父亲或母亲去世
□ 有足够的财务保障
□ 父母双亡
□ 开始帮助其他人独立获得成功
□ 退休

继续帮助其他人独立获得成功 □
第一个孙辈出生 □
享受天伦之乐 □
与朋友欢度时光 □
追求爱好，四处旅行 □
密友去世 □
为你和亲人的去世做准备 □
配偶去世 □
身患重疾或遭遇重大事故 □
坚韧地活下去 □
去世 □

~80

你

花点时间标记一下你在人生轨迹上的位置。然后，在接下来的轨迹上，标记对你最重要的人的位置，写下他们姓名的首字母。

之后我还将让你观察你和你非常关心的人可能遇到的里程碑，以便你设想你和他们 10 年后的位置，以及在此过程中会发生什么情况。

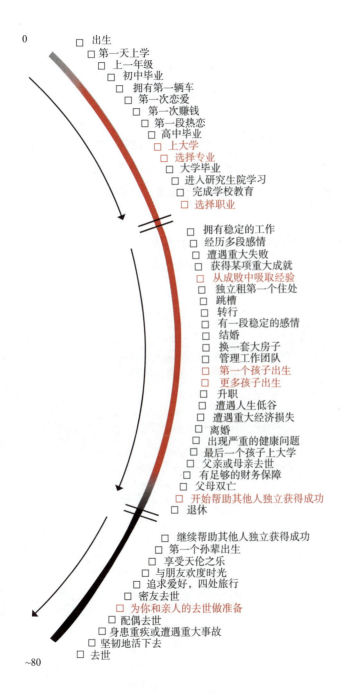

0

□ 出生
□ 第一天上学
□ 上一年级
□ 初中毕业
□ 拥有第一辆车
□ 第一次恋爱
□ 第一次赚钱
□ 第一段热恋
□ 高中毕业
□ 上大学
□ 选择专业
□ 大学毕业
□ 进入研究生院学习
□ 完成学校教育
□ 选择职业

□ 拥有稳定的工作
□ 经历多段感情
□ 遭遇重大失败
□ 获得某项重大成就
□ 从成败中吸取经验
□ 独立租第一个住处
□ 跳槽
□ 转行
□ 有一段稳定的感情
□ 结婚
□ 换一套大房子
□ 管理工作团队
□ 第一个孩子出生
□ 更多孩子出生
□ 升职
□ 遭遇人生低谷
□ 遭遇重大经济损失
□ 离婚
□ 出现严重的健康问题
□ 最后一个孩子上大学
□ 父亲或母亲去世
□ 有足够的财务保障
□ 父母双亡
□ 开始帮助其他人独立获得成功
□ 退休

□ 继续帮助其他人独立获得成功
□ 第一个孙辈出生
□ 享受天伦之乐
□ 与朋友欢度时光
□ 追求爱好，四处旅行
□ 密友去世
□ 为你和亲人的去世做准备
□ 配偶去世
□ 身患重疾或遭遇重大事故
□ 坚韧地活下去
□ 去世

~80

219

其他人

在你自己的人生轨迹上查看这些阶段，注意对所发生事情的描述是如何与你自己的经历相匹配的，这反映在你勾选的方框中。

要关注那些红色的里程碑，因为它们是最关键的，会影响你要走的路。当你处在某个节点时，好好思考对你来说极为重要，这样你才能妥善地应对这些时刻。我建议用前文介绍的方法来进行这项操作。

你在这些节点上做出的选择，会对你未来的生活产生重大影响。正如你将看到的，尽管大多数人的基本人生轨迹大同小异，但在此过程中走的具体路径，会影响其人生旅程的性质。

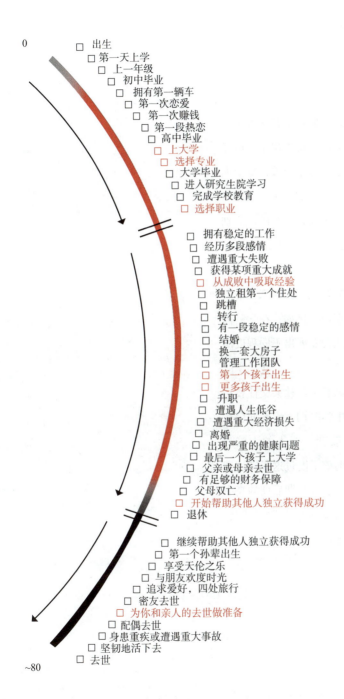

0

☐ 出生
☐ 第一天上学
☐ 上一年级
☐ 初中毕业
☐ 拥有第一辆车
☐ 第一次恋爱
☐ 第一次赚钱
☐ 第一段热恋
☐ 高中毕业
☐ 上大学
☐ 选择专业
☐ 大学毕业
☐ 进入研究生院学习
☐ 完成学校教育
☐ 选择职业

☐ 拥有稳定的工作
☐ 经历多段感情
☐ 遭遇重大失败
☐ 获得某项重大成就
☐ 从成败中吸取经验
☐ 独立租第一个住处
☐ 跳槽
☐ 转行
☐ 有一段稳定的感情
☐ 结婚
☐ 换一套大房子
☐ 管理工作团队
☐ 第一个孩子出生
☐ 更多孩子出生
☐ 升职
☐ 遭遇人生低谷
☐ 遭遇重大经济损失
☐ 离婚
☐ 出现严重的健康问题
☐ 最后一个孩子上大学
☐ 父亲或母亲去世
☐ 有足够的财务保障
☐ 父母双亡
☐ 开始帮助其他人独立获得成功
☐ 退休

☐ 继续帮助其他人独立获得成功
☐ 第一个孙辈出生
☐ 享受天伦之乐
☐ 与朋友欢度时光
☐ 追求爱好，四处旅行
☐ 密友去世
☐ 为你和亲人的去世做准备
☐ 配偶去世
☐ 身患重疾或遭遇重大事故
☐ 坚韧地活下去
☐ 去世

~80

仔细观察这些阶段

第一阶段

在第一阶段，人们带着某些天生的倾向，在不同的环境中出生。虽然各有差异，但在这个阶段，每个人都依赖于自己的监护者（单亲或双亲），并将经历四个子阶段，分别对应学龄前、小学、初中和高中。

在每一个子阶段里，大脑都在准备学习不同的东西。例如，在学龄前阶段，婴幼儿会发展出不同程度的安全感、好奇心和决心；在小学阶段，少儿更愿意学习社会交往技巧和语言；在中学时期，青春期会在很大程度上改变一个人的大脑功能，所以帮助孩子度过这段转型期是很重要的；在青春期后期的高中时期，人的大脑更适合学习社交、情感和分析技能。

我不会深入阐述儿童的早期发展问题，因为我不是这方面的专家，我在这里的目标是阐述大的人生轨迹问题，但我要指出的是，所有专家都同意，在青春期，大脑的运行方式和大脑准备学习的东西，会发生很大的变化（这个过程通常开始于9~11岁）。在这个年纪，儿童逐渐成长为青少年，有更强的独立思考能力以及这么做的倾向。在这个阶段，大脑会自然而然地进行自我发现和自我引导，这可能导致建设性或破坏性的行为。

我了解的最成功的独立思考者的一个共同特征是，大约从12岁开始，他们就对一些领域产生热情，并进行独立的学习研究，他们会为此花费几乎毕生的精力，并成为这些领域中的佼佼者。

我把这称为"成功的自我引导"之路。

虽然这么说有些过度简化，但没有走这条路的人只会走上两条路，要么是"听从他人指示"，要么是"从不健康的追求和物质中寻求独立感和刺激"。这三条道路往往互有重叠，因此并不是泾渭分明的，也会发生变化，但因为第一阶段的时间很短，所以不会发生太大的变化。这会为以后的发展奠定基础，所以选择哪条道路将对未来产生重大影响。

如果你正处在人生的第一阶段，请思考一下你想走哪条路。如果你已经过了这个阶段，请思考一下你走了哪条路，对你产生了什么样的影响，以及如果你在引导一个处在这个阶段的孩子，你想引导他走哪条路。我建议你记下你对这个问题的想法，以备日后参考。在人生的第一阶段，最大的挑战之一是确定自己在多大程度上遵循指示，在多大程度上自行思考和学习。第一阶段的大部分时间（到高中或大学毕业时为止）都是监护人在塑造你的行为方式和处理信息的方式。

这个阶段里并没有多少机会供你进行自我探索,以弄明白自己想要什么,以及如何凭自己的力量得到想要的东西,但为了实现你的人生愿望,这是你需要具备的最重要的技能。在这个阶段,特别是在青春期后期,接受其他人的引导和学会独立思考,对你的发展很重要。

高中时期通常是最有趣且最有挑战性的时期,因为这时激素开始发生作用,你拥有了更多自由,你本能地渴望在更大程度上摆脱监护人的控制,变得更独立,你还面临压力,要为未来的情况做好准备(例如在高中取得好成绩,以进入一所好大学)。这些事通常最密集地发生在高三。在高中的这几年里,你没有太多空间来为自己做出重要的决定,因为你很可能正在为未来的目标奋斗,例如进入一所好大学。如果你没有沿着这一轨迹前行,那么要么努力走上正轨,要么非常积极地追求自己想要的东西,否则通常会被忽视,结局不如人意。

当你经历这个决定人生愿望的关键阶段时，请谨记以下几点。

1. 尽管你可能知道你对什么感兴趣，对什么不感兴趣，但你几乎无法确定，什么样的人生方向是你最好的选择。

2. 要把你拥有的选项最大化，最好的途径是，使你对那些将选择或拒绝你的人的吸引力最大化。

3. 明智的做法是选择这样一条道路：既能让你兴奋，又能让你拥有最大范围的选择权。

良好的教育能赋予人力量，并成为快乐的源泉。同时，感受自己的兴趣所在，探索如何了解兴趣领域，从而掌握相关技能，也是相当重要的。如果你负责指导那些处在第一阶段的人（如果你是处在人生第二阶段的父母），就应当考虑如何平衡以下两方面：一是引导，二是允许独立思考和选择。你要努力双管齐下，把两方面做好。对亲子关系来说，高中这个子阶段是具有挑战性的。在不同选择之间进行权衡是很难的，在子女的独立性问题上，可能会出现分歧。

高中毕业之后，你要么上大学，要么直接进入第二阶段，开始工作。你选择的路（以及你所上的大学或所从事的工作）将为你开启不同的人生旅途。人们往往无法自行做出这个决定，因为这取决于引导人们走到这一步的环境。

如果上大学，你通常会获得更多的自由，以及交友的乐趣，并在思想方面获得更多灵感。但你依然需要努力弄清楚自己的喜好和行为方式，与不安全感和／或你的傲慢做斗争，因为这是那个阶段的典型情况（你需要好几年才能把各方面平衡好）。在大学岁月里，你可能依然主要是受引导，而不是自由思考，因为你的人生前途大体已定。你唯一需要做的重大决定是确定自己的专业。

下一个阶段将开始于你结束学校教育、投身工作之时。从事第一份领取薪水的工作，能使你体验真实世界，这能为以后的生活提供重要的教益。

现在请花点时间，看看在 15 个里程碑中，你已经度过了多少个。注意，这个百分比是"典型的人生轨迹第一阶段的百分比"。

写下你走过的路的性质：是自行从事有成效的追求，是走别人安排的道路，还是自行从事没有成效的追求。

现在请思考。

如果你处于第一阶段的早期，注意你将可能遇到的里程碑，这些里程碑将塑造你和你的人生方向，并考虑你想做出哪些选择，以拥有最好的人生。如果你度过了第一阶段，可能已经完成了上述任务中的大多数。注意你实际完成的程度，因为这将帮助你了解，你走的路在多大程度上符合典型路径。如果你仍处在这个阶段，注意你所处的位置，并考察你即将遇到的情况，以及你在未来 10 年里应关心的事。

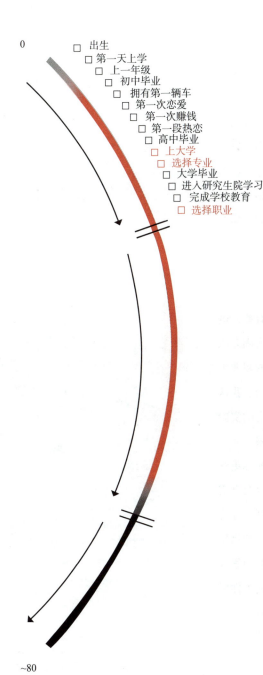

0

出生
第一天上学
上一年级
初中毕业
拥有第一辆车
第一次恋爱
第一次赚钱
第一段热恋
高中毕业
上大学
选择专业
大学毕业
进入研究生院学习
完成学校教育
选择职业

~80

第二阶段

第二阶段与第一阶段的差异性大于相似性。当你从第一阶段进入第二阶段时，将离开以前你被别人引导走上的轨道，可以自由地在广阔的范围内做出自己的选择。你可以随心所欲地住在世界上任何地方，做任何工作，和任何人在一起。换言之，只要你够聪明，够有能力，几乎可以实现自己的任何愿望。

在第二阶段的第一部分，有些人进行实验和探索，而另一些人固守原来的轨道，在他们计划好的职业生涯中，寻找最好的工作机会。我认为，在这个阶段，进行一定的实验和探索（以一定的时间为限，如一年）是很好的，因为这将使你更好地理解你新获得的自由，以及真实世界与生活。你还会了解到，你可以自由地生活，不需要地位和物质财富，人们经常会悲剧性地积累这些东西。这样的做法将有利于你更好地认识生活中的风险与机会。你无论选择什么样的道路，都会逐渐聚焦于自己的愿望之上。

谨记，这是一个全新的阶段，你是一个新手，所以关键是要以开放的心态去了解如何应对这个阶段，并发现相应的原则。我建议，在这个阶段的早期，你要形成远见，然后随着时间的推移，你要做出越来越多的选择，并坚持这些选择，尽管你可以在学习过程中随时改变自己的想法。

我把第二阶段分为三部分：早期、中期和后期。

早期是从 25 岁到 30 岁出头的时候，通常是人生中最快乐、最无忧无虑的时期之一。在此期间，你可能交朋结友，参加自己喜爱的活动，过得很开心，同时谈恋爱，找到愿共度一生的伴侣。在这一阶段，你的职业道路将开始变得固定。

在此期间我希望你留意我提出的原则："让你的工作与你的激情保持一致，和志同道合的人一起努力，同时不要忘记赚钱。"

不要忽视金钱，因为金钱能给你和你负责照顾的人带来安全感、自由和其他好东西。我敦促你实现"超越自给自足"的状态，意思是你的收入要超过支出，要有自己的积蓄，因为这是你获得自由的唯一方式，否则你将在经济上依赖他人，拥有金钱，你将拥有安全感，并能够帮助他人。

当你步入第二阶段的中期（通常是30~40岁）时，你将在工作和爱情生活中承担起更多责任，可能会结识伴侣，组建家庭。当你的第一个孩子出生时，标志着你可能已经度过了人生的1/3多一点。此时你的父母可能正在进入人生的第三阶段，即最后一个阶段。在此期间，工作和生活通常会变得越来越不容易平衡。

第二阶段的后期一般在 40~55 岁，据说这通常是人生中最不快乐的阶段之一。要在工作和生活中都取得成功，难度通常比你预想的要大。在此期间，人们通常最担心自己的孩子、工作和父母，以及是否实现了自己梦想中的生活。这也是一些幻想破灭的时期，是离婚率最高的时期。在这个阶段，热爱自己的工作和人际关系尤为重要，因为这能让人保持兴奋和成就感，否则这段时期会过得很艰难。

大部分人在 55~65 岁时结束第二阶段，开始进入第三阶段，此时接近职业生涯的尾声，抚养孩子的工作也接近完成。在这段时期里的某个时刻，转入人生第三阶段的 5~10 年过渡期会开始。

我再次建议你，根据自己在人生轨迹上所处的位置来看待对这个阶段的描述。如果你即将踏入或者正处于这个阶段，可以把这些描述和里程碑与你自己的经验匹配起来。如果你正在经历这个阶段，可以评估这些描述在多大程度上符合你的经历。无论是哪种情况，都请写下你想记住的要点。然后展望未来，考虑你将遇到什么样的情况，并开始思考你想如何处理未来 10 年里遇到的里程碑。要特别考虑你最关心的人（如你的子女和父母）在他们人生旅途中所处的位置，他们将来会遇到的情况，以及他们 10 年后的发展前景，因为你可能需要在自己的规划中考虑这些因素。

接下来，请花点时间，记录下你在第二阶段中已经度过的里程碑。记录下你已经度过的百分比。

现在，针对你自己的经历，或者在结束这番练习后你想思考的未来的经历，把你的思考记录下来。

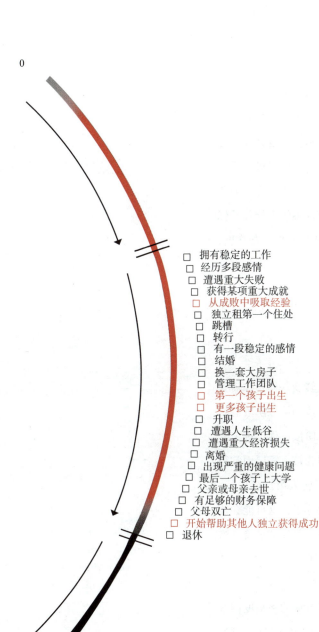

0

- ☐ 拥有稳定的工作
- ☐ 经历多段感情
- ☐ 遭遇重大失败
- ☐ 获得某项重大成就
- ☐ 从成败中吸取经验
- ☐ 独立租第一个住处
- ☐ 跳槽
- ☐ 转行
- ☐ 有一段稳定的感情
- ☐ 结婚
- ☐ 换一套大房子
- ☐ 管理工作团队
- ☐ 第一个孩子出生
- ☐ 更多孩子出生
- ☐ 升职
- ☐ 遭遇人生低谷
- ☐ 遭遇重大经济损失
- ☐ 离婚
- ☐ 出现严重的健康问题
- ☐ 最后一个孩子上大学
- ☐ 父亲或母亲去世
- ☐ 有足够的财务保障
- ☐ 父母双亡
- ☐ 开始帮助其他人独立获得成功
- ☐ 退休

~80

第三阶段

第三阶段与第二阶段的差异性大于相似性。在第三阶段，你十分自由，因为你已经退休，也完成了对子女的养育义务，你的父母已经去世，你不需要照顾他们。你不需要证明自己，没有人继续引导你，你有大把的自由时光来与亲友欢度，并享受你最喜欢的活动。通常在这个阶段，人们会有孙辈，几乎所有人都会表示，这极其令人欣悦。（我可以证明这一点。）

但像所有的人生转变一样，你需要去适应从第二阶段到第三阶段的转变。因为在第二阶段，你也许需要很多东西，并因为被人需要而觉得自己很重要，但转入第三阶段后，别人没那么需要你了，这可能会让你不适应，不过最终你会学着喜欢上这个阶段的生活。

好消息是，世界各地的幸福度调查显示，这是人生中最幸福的阶段。另一个好消息是你活到了这个年龄，而活到70岁的人通常还可以再活 15 年左右（比你出生时的人均寿命多 5 年），可以纵情享受。

在这个阶段，你的智慧和技能达到了顶点，从而可以传授给其他人，帮助他们取得成功，你有充足的时间，能以多种多样的方式享受生活。

如果你难以过渡到这个阶段，我建议你记住：如果你能很好地适应这个阶段，并向已经做到这一点的其他人寻求帮助，那么，这可能是你人生中最快乐的阶段。最重要的是，你要放下对前一阶段的依恋，顺其自然地去发现你可以拥有的快乐，以及你可以做出的重要贡献。

你可以观察你的孩子、你的父母和你自己生活的变化，从而考察你自己（或其他人）是如何过渡到这个人生阶段的。

当你进入人生的第三阶段时，你的孩子可能正在进入第二阶段，他们变得更加独立，从而让你拥有更多时间。同时，当你进入人生的第三阶段时，你的父母可能已经去世，不再需要你的照顾。你要注意自己的孩子和父母的生活中的这些变化，这有助于你确定你正处于人生周期中的哪一阶段。例如，当你的子女找到人生的第一份工作和结婚时，请注意，这意味着你正处于人生第三阶段的早期；当你有了孙辈时，你要意识到，你大致处于人生第三阶段的中期。你还可以在经过里程碑时对其做标记，从而确定自己在人生轨迹中所处的位置。

步入这个阶段的末期时，人们可能经历更多痛苦，因为开始失去朋友，失去配偶，出现更多的健康问题，并要考虑死亡问题。（至少对我来说）令人惊讶的是，尽管在第三阶段的后期，幸福水平有所下降，但仍保持着相对较高的水平，到临死时才会下降。顺利度过这段时期的关键是接受人生周期，包括死亡。在这个阶段，人的智慧和灵性通常会达到一生中的最高水平，这通常是有好处的。围绕如何应对临终与死亡这个问题，有很多良好的专业建议。因为我自己还没有经历这个阶段，所以没有独特的原则可以提供，我鼓励你寻找自己的原则。

现在请花点时间，记录下你已经度过的里程碑，包括你已经度过的百分比。

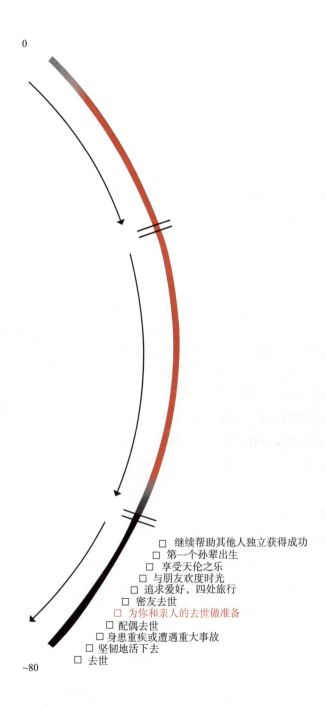

0

□ 继续帮助其他人独立获得成功
□ 第一个孙辈出生
□ 享受天伦之乐
□ 与朋友欢度时光
□ 追求爱好，四处旅行
□ 密友去世
□ 为你和亲人的去世做准备
□ 配偶去世
□ 身患重疾或遭遇重大事故
□ 坚韧地活下去
□ 去世

~80

规划你的人生轨迹

你已经较为细致地浏览了每一个阶段，现在你可以为了自己和自己关心的人，正确地看待事物了。

首先，请回顾你迄今为止的人生，无论你在人生旅途中走到了什么位置。看看你已经度过和标记的里程碑。这些里程碑相当完整地描述了你人生中的大事。如果你觉得还有其他大事需要记录，可以加进去。再以同样的方式回顾一下你所爱之人的人生。

现在展望未来 10 年，看看你生活中可能发生的里程碑和变化。看看你和所爱之人可能会发生什么变化。仔细想想他们会遇到什么情况，你会遇到什么情况，因为你们会影响彼此的生活。例如，你可能会看到，10 年后你的子女（可能比你小 25~40 岁）将离家，你的父母（可能比你大 25~40 岁）可能步入暮年或去世，而你将进入人生中最具挑战性的阶段。

了解了你和他们即将遇到的情况，你就可以开始思考，如何以最好的方式度过这 10 年。你对未来 10 年的规划越细致（比如你需要多少金钱和时间，用在什么地方），你在这 10 年里就发展得越好。在规划时，请写下你想记住的所有想法。

谨记，无论你处在哪个阶段，都会遇到许多以前从未遇到的事，你需要妥善处理这些事，这很重要。具体的做法是，你需要意识到，在你之前已经有很多人经历过这些事，你可以请他们讲述相关经历，从而获得良好的原则，以最好的方式应对这些事。心态要开放，不要师心自用！例如，如果你正在考虑某个职业，可以问问从事这一职业的你尊敬的人士，请他们描述这个职业的状况，包括职业生涯是如何演进的。找到走在你前面、已经实现了你想要的成功的人，找出他们为取得成功所采取的路径和原则。

现在请再次思考，写下你的想法和待办事务。回顾你的笔记和原则，将其保存下来。

随着时间的推移，你会乐于参考和改进这些原则。然后，当你逐渐步入人生的第三阶段，希望帮助人们独立取得成功时，你可以把这些原则传授给他们。

当你完成这个练习时，我要给你一个建议：尽最大努力客观地了解自身，以便找到最适合你的道路和决策。人生在很大程度上是一段旅程，在这段旅程中，你要发现自己的本性，并找到适合自己本性的道路。我希望这本书和其中推荐的资源能帮助你展开这段发现之旅。

May the Force of Evolution be with you!

愿进化的力量与你同在!

248